劳特累克的故事

【法】让-雅克·莱维柯 著 / 黄莉荞 译

目录

序言
Portique
006

马的神话
Le mythe du cheval
010

柯罗蒙画室
Chez Cormon
016

纵情声色
La loi du dandy
024

家人的肖像
Portraits de famille
030

"世纪末"的巴黎
Atmosphère
038

靠近缪斯
Entrée des muses
046

伊薇特·吉尔伯特，戴黑手套的女人
Yvette Guilbert, la dame aux gants noirs
054

花花世界
Le fashionable
060

酒馆及卡德利尔舞
Beuglants, tabarins et quadrilles
068

梦回蒙马特
L'héritage de Montmartre
078

黑猫咖啡馆的儿女
Les enfants du Chat Noir
084

贵族之卑鄙，浪子之慈悲
Le cynisme du prince, la bienveillance du noceur
088

他人的目光
Le regard des autres
092

花园中的肖像
Portraits dans un jardin
096

运动俱乐部
Sporting-Club
102

订单
Commandes
108

自由美术协会
La Libre Esthétique
114

走近纳比派
Du côté des nabis
118

龚古尔兄弟掀起的日本主义风潮
Le japonisme depuis Goncourt
122

《白色评论》
La Revue Blanche
128

参与《愚比王》
Autour d'Ubu
134

台前幕后
Scènes et coulisses
140

漫画
Du côté de la caricature
144

乡间
A la campagne
146

儒勒、乔治及其他作家
Jules, Georges et les autres
150

酒吧的语言
Le vocabulaire des bars
156

风月场所
Maisons closes
162

莱斯博斯岛，燃烧的女人
Lesbos, ou la femme flambée
170

目录

《她们》
Elles
174

苏醒的面孔
Visage à l'éveil
178

夜游者
Noctambulisme
184

渎神的意义
Le sens du sacrilège
190

《梅萨琳娜》
Messaline
194

孤独的时光
Le temps des solitudes
198

口诛笔伐
Sous les feux de la critique
204

末章
Finale
208

年表
Chronologie
210

图卢兹-劳特累克生活过的地方
Les lieux de Toulouse-Lautrec
219

巴黎及近郊
220

画廊
223

娱乐场所
224

图卢兹-劳特累克 30 岁时的照片
Portrait de Toulouse-Lautrec à l'âge de 30 ans

《奥特伊的回忆》（又名《在奥特伊骑马》）
Souvenir d'Auteuil (Aux courses d'Auteuil)
私人收藏

图卢兹-劳特累克和他的父亲一样，都十分喜爱骑马。但由于身体限制，图卢兹-劳特累克无法亲身体验这项贵族活动的乐趣，于是他转而绘制马匹，并因此名噪一时。在图卢兹-劳特累克的引领下，许多其他画家也纷纷开始将马作为描绘对象，如第二帝国时期的阿尔弗雷德·德·德勒便不再跟从年轻时的导师德拉克洛瓦，转而画马，成为画马的名家之一。图卢兹-劳特累克曾在普林斯托[3]的画室学习传统的学院派绘画，并在那里遇到了另一位画马的名家约翰·路易·布朗。

序言
Portique

I

如果不是因为身有残疾，亨利·德·图卢兹-劳特累克[1]很可能会成为一名与世无争的贵族，在法国乡下过着惬意的生活，闲时打打猎，玩玩槌球，在草地上野餐，或者在客厅里和朋友聊天。图卢兹-劳特累克的父亲就是如此，他放浪形骸，自恃出身不凡，毫不顾忌世人的眼光，常会做出让旁人咋舌的不合时宜之举。这些惊人之举并非叛逆精神的体现（图卢兹-劳特累克终其一生都在反思自己是否拥有叛逆的特权），只不过是花花公子我行我素、对旁人的看法置若罔闻的习惯罢了。

图卢兹-劳特累克的家族并不在声色犬马的巴黎，而是生活在外省[2]，他们血统高贵（可追溯到中世纪），但势力仅限于本地，靠祖辈传下来的森林、葡萄园和农场为生，并借此跻身于富足的资产阶级。令人唏嘘的是，到图卢兹-劳特累克这一辈，尽管家族成员偶尔也参与政治，但这个家族其实已经逐渐退出公众的视野，不复旧日的荣光。

亨利·德·图卢兹-劳特累克的名字"亨利"来源于祖先亨利五世（又称尚博伯爵，路易十五一脉最后的合法男嗣）。当年，亨利五世因为无谓且愚蠢的"国旗之争"（坚持放弃三色国旗，恢复象征王室的白色的百合花饰国旗），而与法国王位失之交臂。

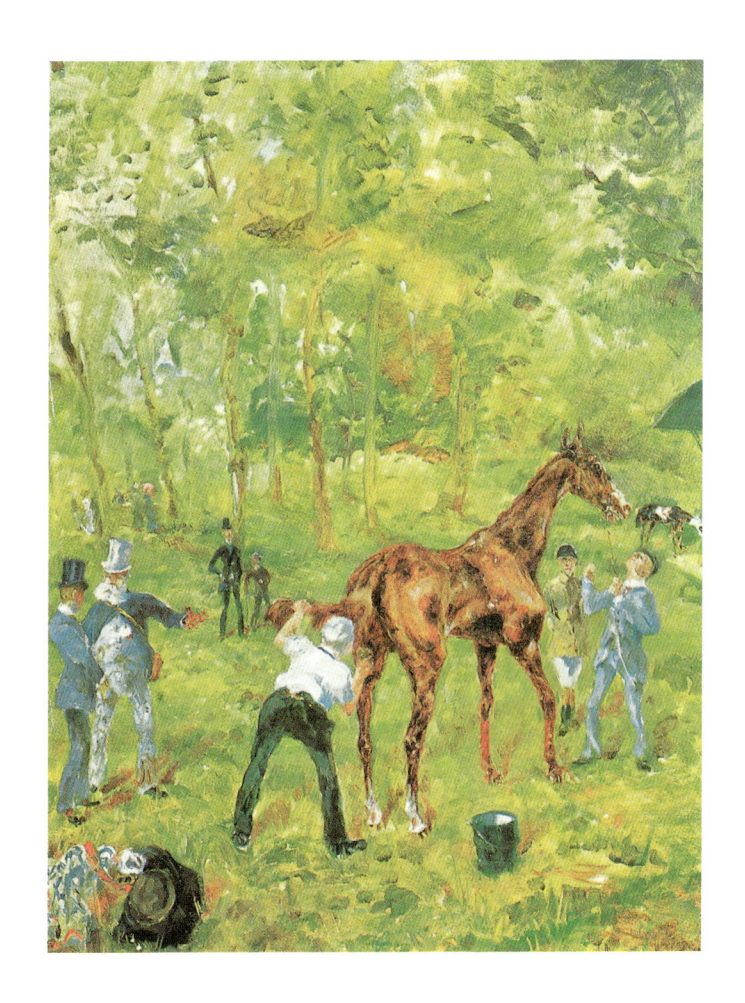

1 译者按：亨利·德·图卢兹-劳特累克（Henri de Toulouse-Lautrec，1864年11月24日—1901年9月9日），法国后印象派画家、近代海报设计与石版画艺术先驱，被誉为"蒙马特之魂"。

2 译者按：法国人通常将巴黎之外的地区称为外省。

3 译者按：热内·普林斯托（René Princeteau，1843年7月18日—1914年1月31日），法国动物画家，曾担任图卢兹-劳特累克的老师。

劳特累克的故事

图卢兹-劳特累克曾两次骨折，但这并非他身体残疾的主要原因。据后世推测，图卢兹-劳特累克很可能患有克莱门特氏多发性骨骼营养不良症，换言之他天生骨骼发育不良。身体残疾使图卢兹-劳特累克在这个看重功绩的家族里注定被边缘化。要知道，欧洲的贵族制度本就根植于英勇事迹和丰功伟绩：祖先立下军功，荣获勋章，其姓氏及爵位才得以世代传承。

　　然而，随着时间的流逝，贵族的本质逐渐淡化、消失，失去了存在的理由。贵族逐渐从领主向地主转变，其政治权利被剥夺，但他们还是傲慢地享受着各种特权。贵族的祖先原本都是王侯将相，可是其后人将名存实亡的门面看得太重了。随着经济体制的逐步建立，社会的掌控权自然落到了更加功利的资产阶级手中。贵族们只能借着旧日势力的庇护，归隐世外，这既是因为贵族骨子里的志存高远，也因为贵族传统不允许他们在世俗生活中堕落。然而，贵族在彰显自己古老的尊贵、缅怀旧日的繁荣的同时，却变得更加没落了。贵族的头衔失去了社会价值，后人只能返乡打理祖业，但他们仍沉溺于家族往昔辉煌的故事（这些故事仍传唱于家族内部），因此只能试图通过做些离经叛道的事情来摆脱自身的尴尬处境。

　　图卢兹-劳特累克的父亲阿方斯也不例外。阿方斯的马术精湛，无人能及，受到身边人热烈的吹捧。这也是他自己终其一生未曾放弃的爱好。对没落的贵族而言，马和城堡是他们权力和财富的最后象征，正如我们所知，贵族的祖先多是骑士，负责管理领土（他们的姓氏就来自领地），并保护当地民众。然而，随着社会的演变，如今的贵族只留有一些代表旧日辉煌的文化象征，权力落入了那些在民主体制内获得全民投票认可的家族。

　　图卢兹-劳特累克出身于外省贵族的一个小分支。在家族没落之际，这个宛如惊雷一般的天才继承了被时代遗忘的姓氏，从一个全新的维度赋予了这个姓氏至高的荣光：艺术。

　　图卢兹-劳特累克先天体弱、发育不良，其根源在于他的父母是表兄妹。19世纪，来自博斯克家族的两名年轻女士分别嫁给了图卢兹-劳特累克的祖父和塞莱兰的塔皮埃伯爵。后来，两位女士的孩子又结为夫妇，并于1864年11月24日在阿尔比庄园生下了图卢兹-劳特累克。

《绑架》
Enlèvement
现收藏于法国阿尔比图卢兹-劳特累克博物馆

这幅画的灵感源自广为流传的神话传说（很可能是希腊神话中欧罗巴被绑架的故事），预示了图卢兹-劳特累克后期的作画风格。画作热情洋溢，极具冲击力的笔触配以充满动感的造型，使奔腾的骏马形象跃然纸上，背景的渲染也很到位，让人有一种身临其境之感。图卢兹-劳特累克喜欢通过画马来表现自己"让画面动起来"的才能，这一才能在他后期描绘红磨坊舞女的作品中被展现得淋漓尽致。

《狩猎骑手的聚会》
Réunion de cavaliers de chasse à courre
临摹自普林斯托,现收藏于法国阿尔比图卢兹-劳特累克博物馆

自古以来,骑马狩猎一直是一项贵族运动,也是贵族社交聚会的由头。如今,尽管狩猎已不再具有从前君主制赋予它的"逐鹿"(争夺权势)等含义,但狩猎仍保持着一套十分严苛的礼节(尤其是服装方面)。或许也正因为如此,马匹成了画家们钟爱的绘画主题。这幅画便描绘了三名骑手聚会的场景,他们头戴高顶礼帽,风度翩翩。

马的神话

Le mythe du cheval

I

图卢兹-劳特累克从小备受母亲疼爱,但由于他身体残疾,他那个放荡不羁、暴戾自私的父亲一直同他关系冷淡。不过,无论如何,正是在父亲激进而专制的庇护之下,图卢兹-劳特累克才得以安稳地度过自己的青年时代。

进出马场本是贵族后裔最突出的标志,然而,高大雄壮的马匹无疑将图卢兹-劳特累克拒之门外,但图卢兹-劳特累克还是以另一种方式与马结缘,那便是绘画。当然,图卢兹-劳特累克并非唯一将马作为绘画主题的画家。

法国浪漫主义画家西奥多·杰利柯[4]十分喜欢画马,常会在作品中歌颂马的力量。杰利柯热爱骑马,经常练习骑术,不幸的是,他最终因意外落马引发感染而英年早逝,死于自己最爱的运动。

马的神话

4 译者按:西奥多·杰利柯(Théodore Géricault,1791 年 9 月 26 日—1824 年 1 月 26 日)是法国浪漫主义画派的先驱。

劳特累克的故事

《得儿:库雷先生在读一本小书》
Cocotte : Monsieur le Curé lisant son bréviaire
现收藏于法国阿尔比图卢兹-劳特累克博物馆

图卢兹-劳特累克在温泉小镇逗留期间遇见了一个与他年龄相仿的可爱少年。图卢兹-劳特累克和少年交谈甚欢,并为这名少年的故事书《得儿》绘制了23幅插画。在给少年的信中,图卢兹-劳特累克表现得十分谦逊,甚至有点过分谦虚,他写道:"承蒙您垂眼一看拙作。鄙人才疏学浅,为作此画已经竭尽所能。"

《图卢兹-劳特累克父子及画家》
Henri de Toulouse-Lautrec, son père et l'artiste
热内·普林斯托,现收藏于法国阿尔比图卢兹-劳特累克博物馆

马的神话

劳特累克的故事

《阿方斯·德·图卢兹-劳特累克驾驶邮政马车》
Alphonse de Toulouse-Lautrec conduisant son mail-coach
现收藏于法国巴黎小皇宫博物馆

同样是画马，普林斯托和约翰·路易·布朗聚焦于描绘与马有关的历史事件，以及刻画马匹的优雅细节，而劳特累克则跨越到了一个新的境界，着力于捕捉马匹的动态，他采用类似电影的手法，通过对角线构图巧妙地呈现出了马匹奔向观众的动态画面，营造出了宏大的气势。

不同于杰利柯对马的力量的崇拜，图卢兹-劳特累克则将马视为贵族阶级的标志。贵族骑马，不是为骑马，而是将马作为一种社交的媒介，因此马的力量意味更弱，更多的是象征权贵的奢华。值得一提的是，马是贵族种姓的有力证据，代表着贵族往日骑马的特权。对从前的贵族来说，马绝不仅仅是世俗意义上的骑行工具，而是他们的得力干将，协助他们南征北战，理应与他们共享荣耀。

贵族一般会派遣专门的侍从照料马匹，因此马匹可以说是贵族地位的象征。出生贵族的图卢兹-劳特累克显然对这种内涵了如指掌，并将其融入了自己的画作，通过马匹彰显御马者的社会地位，而这一切对出身律师家庭的杰利柯来说是完全陌生的。1880 年，图卢兹-劳特累克创作了《阿方斯·德·图卢兹-劳特累克驾驶邮政马车[5]》一画，生动地总结了这种从属和驯服的关系。在这幅画中，画家的父亲一副骑者打扮，驾驭着一辆四匹马拉着的马车，气势磅礴，尽显其高超的御马技艺及尊贵的社会地位。画中的马匹已然闯入了世俗世界，要知道在从前，这种高贵的动物只会出现在上流社会的调情胜地布洛涅森林，或遍地都是时尚名流的蔚蓝海岸。

马的神话

5 译者按：邮政马车（Mail coach）是英国邮政业曾经使用的一种驿站马车，负责运送皇家邮政的邮件。

《画画时的图卢兹-劳特累克和普林斯托》
Toulouse-Lautrec et Princeteau peignant
私人收藏

这幅速写出自图卢兹-劳特累克写给叔叔查理的一封信，描绘了图卢兹-劳特累克及其"导师"普林斯托作画时的场景。画家作画的姿态及画架前的画家一直都是图卢兹-劳特累克钟爱的题材。图卢兹-劳特累克出身于贵族，阴差阳错之下才成了一名画家，家庭背景导致他的个性相较于其他画家更加固执，尤其是面对社会规范及贵族阶级的准则的时候。

柯罗蒙画室

Chez Cormon

1872年，图卢兹-劳特累克举家搬迁到巴黎第八区布瓦西-丹格拉斯路上的佩里酒店。同年10月，图卢兹-劳特累克进入孔多塞高中（当时名为丰塔内高中）学习，开始接受巴黎的教育。他是一个好学生，脾气温和，爱开玩笑，喜欢在课本和笔记本的空白处涂鸦。这似乎预示了他后来会走上讽刺画的道路。

几年后，图卢兹-劳特累克接连遭遇了两次事故（一次是1878年在博斯克酒店不慎摔伤，另一次是1879年在法国巴雷日疗养期间与母亲散步时跌入坑洞），两次事故导致他的双腿停止发育，于是他在母亲的陪同下前往尼斯、阿尔比、塞莱兰等地休养。不过，图卢兹-劳特累克并

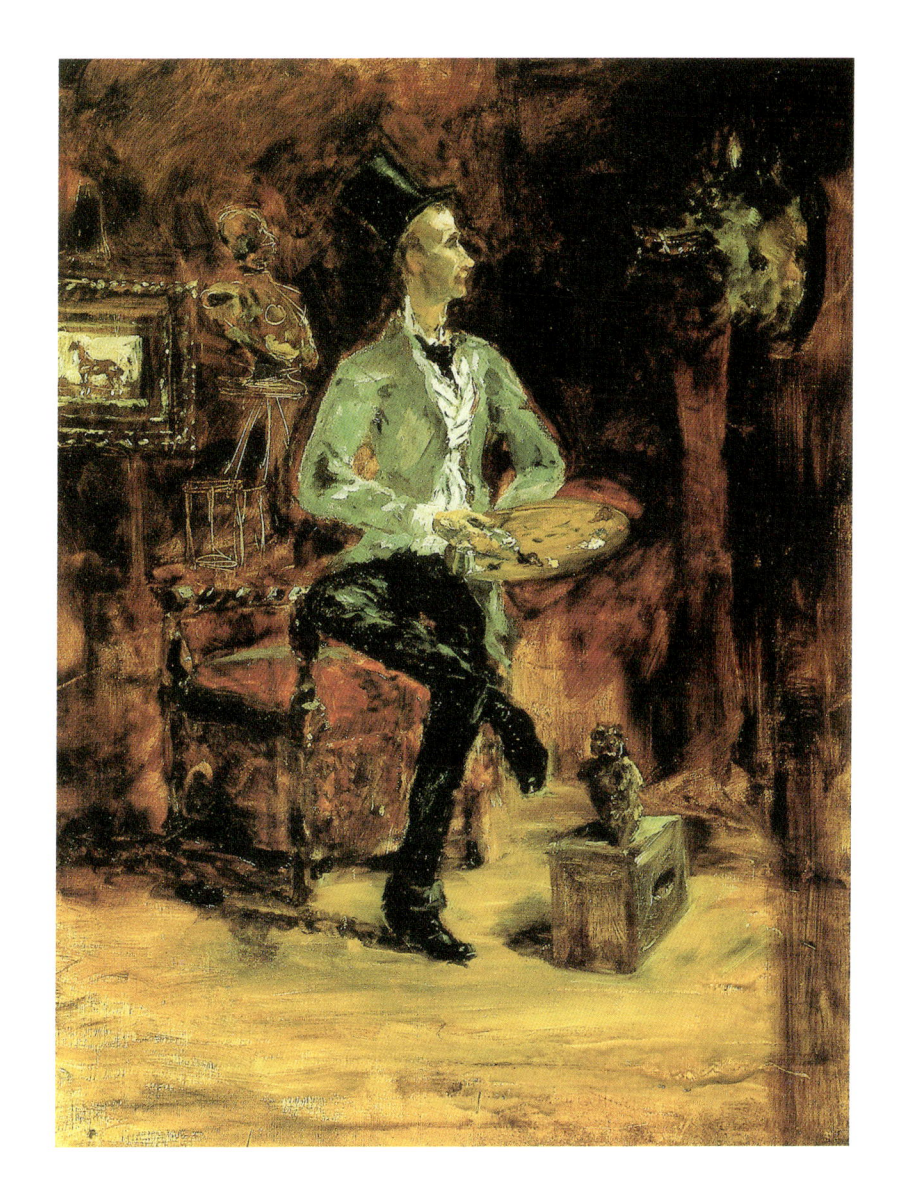

《画室中的普林斯托》
Princeteau dans son atelier

私人收藏

图卢兹-劳特累克的绘画天赋很可能来自家族遗传,他的父亲、叔父、祖父乃至曾祖父在绘画方面都很有造诣。这种天赋体现在了其画作的表现力上,图卢兹-劳特累克往往能为司空见惯的传统题材注入新的生命力。以这幅画为例,图卢兹-劳特累克另辟蹊径,描绘了普林斯托在画室中漫不经心地调配颜料的场景,一扫同类作品中的严肃感及沉闷感。

劳特累克的故事

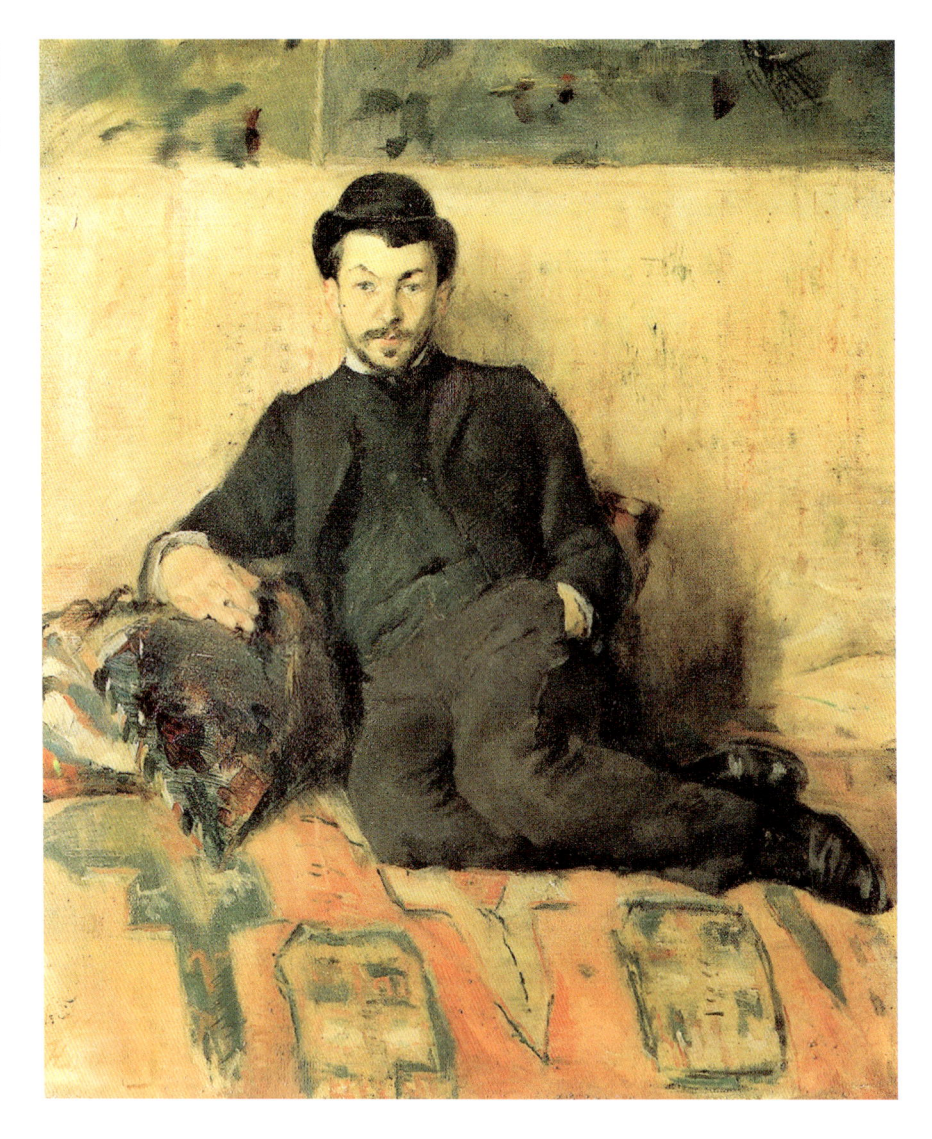

《古斯塔夫·丹纳里的画像》
Portrait de Gustave Dennery
现收藏于法国巴黎奥赛美术馆

画中的模特是图卢兹-劳特累克当时在柯罗蒙画室的同窗丹纳里，丹纳里在那个时代备受推崇，曾多次参加法国官方沙龙。然而，图卢兹-劳特累克的这幅画却被1883年的法国官方沙龙拒之门外。画中仅保留了必要的装饰元素，丹纳里坐在一块花式的毯子上，显得十分惬意。注意，这块毯子将会在对页的《裸体习作》中再度出现，是父亲阿方斯送给图卢兹-劳特累克的礼物。后来，图卢兹-劳特累克沉迷于装饰艺术，决定彻底翻新画室，便将这张毯子转送给了朋友戈茨。

柯罗蒙画室

《裸体习作》
Étude de nu
现收藏于法国阿尔比图卢兹-劳特累克博物馆

裸体画是传统的学院派题材。在这幅画中,图卢兹-劳特累克描绘了一名侧坐的女模特(很可能是一名专业的裸体模特),流露出一种感性的冲动,营造出一种略带暧昧的气氛。当时,图卢兹-劳特累克才19岁,因此作画时还带着些青春的羞涩,他透过节制的笔触和晦暗的用色赋予了作品一种巧妙的精致,既不同于雷诺阿的奢靡艳丽,也不同于埃德加·德加近乎粗俗的大胆,更与乔治·修拉的点彩画截然不同。实际上,画中的女性裸体形象在某种程度上揭示了图卢兹-劳特累克的内心世界——善良且谦逊,而他后期夸张的画作则更像是自我保护的装备。

劳特累克的故事

没有因此懈怠学业，仍断断续续地求学。在求学期间，他还为1881年（也就是他参加大学入学考试的那一年）在巴雷日结识的艾蒂安·德韦斯姆的一部作品创作了许多生动且不失幽默的插画。这些早期的插画不仅体现了图卢兹-劳特累克对绘画的掌控力，还体现了他敏锐的观察能力及表达能力，他似乎天生就能画出最准确、最简洁的线条。

通过大学的入学考试后，图卢兹-劳特累克却决定转而学习绘画，于是前往巴黎圣奥诺雷市郊路[6]233号的普林斯托画室开启自己的学徒生涯。普林斯托以画马而闻名，同时也是聋哑人，无法正常社交，在某种意义上与年轻的劳特累克同病相怜，因此两人很快建立起了深厚的友谊。

后来，在普林斯托的引荐下，图卢兹-劳特累克开始跟随著名的学院派画家莱昂·博纳习画。在博纳的画室关闭后，图卢兹-劳特累克又进入了擅长历史题材的学院派画家费尔南德·柯罗蒙的画室学习。两位学院派大师给予了图卢兹-劳特累克非常系统的艺术指导，但同时也坚定了他对自由的向往，他渴望能够随心所欲地作画、随心所欲地生活。

柯罗蒙画室（起初位于蒙马特高地的康斯坦斯街10号，后搬到克里希大道）聚集了一群渴望完善画技的年轻艺术家，画室里充斥着艺术家们青春的躁动气息。19世纪末的绘画艺术便是通过这种新手与大师在画室中的互动（或者说师徒关系）建立起来的。然而，并不是所有人都愿意循规蹈矩，印象派先驱马奈在一片哗然中离开了托马斯·库图尔的画室，以莫奈为代表的小团体也离开了瑞士美术学院，这些叛逆的画家共同掀起了一股新的艺术浪潮，印象派就此诞生。

柯罗蒙画室

反观图卢兹-劳特累克，他选择接受学院派的教育，并愿意继续在柯罗蒙的画室中习画，一方面归因于柯罗蒙自由的绘画方式，另一方面归因于母亲的影响，当时的图卢兹-劳特累克仍然十分依赖于母亲（与母亲同住）。后来，图卢兹-劳特累克在画室的大多数同窗都加入了学院派的阵营，如亨利·拉舒、阿道夫·安德烈、古斯塔夫·丹纳里（图卢兹-劳特累克曾为他画了一幅传神的肖像，参见第18页）。在众多同窗中，图卢兹-劳特累克与路易·安奎丁最有共同语言。安奎丁是一名花花公子，喜欢女人和马。另一位同窗戈茨后来成了图卢兹-劳特累克私交最好的传记作者。

　　根据传统学院派的教育理念，学生们需要多多模仿前人及当代名家的作品。图卢兹-劳特累克选择了皮维·德·夏凡纳的著名壁画《圣林》作为模仿对象，并在自己的画作中加入了几位朋友的身影，包括身着正装的安奎丁、爱德华·杜贾尔丁和巴赫斯等。夏凡纳的原画影射典故，流露出甜美而忧郁的情感，而图卢兹-劳特累克则注入了一种颇具挑衅意味的现代感。

6　译者按：圣奥诺雷市郊路（Rue du Faubourg Saint-Honoré）是法国巴黎的一条街道，集中了众多高端艺术画廊和拍卖行。

劳特累克的故事

《埃米尔·伯纳德的画像》
Portrait d'Émile Bernard
现收藏于英国伦敦泰特美术馆

图卢兹-劳特累克是在柯罗蒙画室结识埃米尔·伯纳德的。伯纳德多才多艺，他后来不仅成了代表性的先锋画家（点彩派、纳比派、阿旺桥派），还成了作家和诗人。在这幅肖像中，无论是画家图卢兹-劳特累克，还是模特伯纳德，都传递出一种平静祥和的气息。此外，该画还体现了画家企图"结合卢浮宫名家的严谨技法来表现印象派"的志向。这也是图卢兹-劳特累克的实际境况，他当时还沉浸在学院派的教育中，对传统的艺术教学及严苛的绘画技法还没有任何反叛心理。在这幅画中，图卢兹-劳特累克采用了严谨、内敛且平和的手法来刻画人物，捕捉人物的精髓，创作出了一幅灵魂肖像。

在1889年之前，图卢兹-劳特累克一直与母亲同住。直到母亲离开巴黎搬回马尔罗梅后，单身的图卢兹-劳特累克才搬到同窗好友、画家热内·葛尔涅家里居住。葛尔涅家位于枫丹街19号，德加的画室也在这栋楼。葛尔涅的女伴正是德加的女模特莉莉。莉莉是一个可爱的女孩，来自巴黎附近的布里孔特罗贝尔镇，她"有着一头浓密的秀发，下巴像野兽一般，牛奶般的皮肤上长着小雀斑。她魅力十足，身边总是围绕着一群殷勤的青年才俊"。

面对女模特，图卢兹-劳特累克的态度一直坦率、清醒且友好。他从不像身边的人一样，甘之如饴地享受某些"便利"；他守身如玉，始终恪守着作为一名忠诚的朋友的底线。由此可见，图卢兹-劳特累克是一个温文尔雅、家教良好的人。当他为像莉莉这样漂亮的姑娘画像时，他的眼睛里常会流露出羞涩的温柔。

柯罗蒙画室

劳特累克的故事

《红磨坊的英国人》
L'Anglais au Moulin Rouge
私人收藏

在这幅画中,图卢兹-劳特累克采用类似新闻漫画的表现形式,用快速尖锐的线条将人物刻画得鞭辟入里。画中人身着当时的流行服饰,女子婀娜妖娆、身形苗条,戴着款式夸张的帽子;男子衣着讲究,戴着礼帽,很可能是一名贵公子。

纵情声色

La loi du dandy

|

　　图卢兹-劳特累克出身高贵,又正值青春年少,难免会被花花公子的生活吸引。对这群未来的社会栋梁早熟的躁动,当时的社会表现得很宽容。年轻人在拉丁区、巴黎林荫大道和新雅典咖啡馆[7]的狂欢气氛中放纵自己。不过,或许是个性原因,图卢兹-劳特累克并不常参加年轻人的派对,尽管偶有放纵,却从未停下画笔,仍然忘我地绘画,不断精进画技,为成为一名画家而努力。

　　从图卢兹-劳特累克出生开始,这个在贵族眼中有着特殊意味的姓氏就决定了他的命运:他无论到哪里都格格不入,这种独特的成长背景成了滋养他艺术创作的沃土。年轻的图卢兹-劳特累克着迷于灯红酒绿的生活,有时甚至会直接住在风月场所,这种行径使他原本就摇摆不定的生活更加偏离社会的正轨。图卢兹-劳特累克因怪异的身体而受到贵族圈子的排斥(几位回忆者都提到了这一点),于是他选择走上艺术道路,渴望在艺术中找到自己的归属感,用画笔向那些对他指指点点、不认可他才华的人们做出反击。缺乏认可的图卢兹-劳特累克愈加放纵,在风尘场所中恣情声色,借此发出无声的反抗,渴望撕去那令人窒息的贵族标签。

7　译者按：新雅典咖啡馆（Nouvelle Athènes）位于巴黎第九区的皮加勒广场，是19世纪作家、艺术家、政治家等的聚首之地。

《普普尔夫人在梳妆》
Madame Poupoule à sa toilette
现收藏于法国阿尔比图卢兹-劳特累克博物馆

图卢兹-劳特累克早期常会与纳比派的画家朋友往来，有时也会借鉴他们的绘画题材，如惬意的室内装饰、女性的日常举动及私密生活等。在这幅画中，图卢兹-劳特累克通过颜色的深浅来表现微妙且雅致的光影变化，营造出一种岁月静好的氛围，时间仿佛就此定格。画中的女子做着无关紧要的动作，却呈现出精致美好、超凡脱俗的气质。

很多艺术家都曾批判贵族的奢靡生活。如作家马塞尔·普鲁斯特就曾通过小说（如其代表作《追忆似水年华》）对他其实不无向往的纸醉金迷的世界进行了谴责，并批判了这样一群人：他们非富即贵，真正了解他们的人却知道他们只是禽兽一般的人，他们的举止冰冷、礼貌、优雅却又无比残酷。或许正因为普鲁斯特天生就不属于这个世界，所以他能够轻松地抽离开来，冷眼旁观，看得如此透彻。

纵情声色

劳特累克的故事

《体检：金发女仆》
L'Inspection médicale: femme de maison blonde
现收藏于法国巴黎奥赛美术馆

在这幅画中，图卢兹-劳特累克塑造了一个粗鄙的人物，揭示了令人不适的现实。在传统的学院派绘画中，某些题材是禁忌的，毕竟学院派不赞同用如此直接的眼光看待现实世界，宁愿任性地将其粉饰成另一番模样。然而，图卢兹-劳特累克却直视生活，直视其热烈的生机，也描写人间的贪婪、窘迫、羞耻乃至堕落。他用一种近乎恐怖的冷静目光凝视着画中的女仆，透过女仆的粗鄙揭示其内在的痛苦。在图卢兹-劳特累克之前，还没有一位画家能做到对自己的模特如此残忍，又如此充满怜悯。

　　图卢兹-劳特累克也想采取同样的立场，但他是属于这个世界的，而且他本身就游离在登徒子的边缘。于是，图卢兹-劳特累克走上了另一条路，他成了风月场所的记录者，创作了一系列与风月场所有关的作品，希望能借助快速的笔触（尤其是描摹人物面孔的线条）直击人物的灵魂深处。图卢兹-劳特累克的这些画可以被称为"心理讽刺画"，与杜米埃[8]的社会讽刺画有着异曲同工之妙，同样的干脆、一针见血。当然，图卢兹-劳特累克的画更具现代感，因为他的笔触快速、敏锐且直接，就像是一记响亮的巴掌，又或者是在伤口上再捅一刀。

| 8 译者按：奥诺雷·杜米埃（Honoré Daumier，1808年2月26日—1879年2月10日）是法国著名的讽刺画大师、雕塑家及版画家，是一位十分高产的艺术家。

劳特累克的故事

《习作：爱莲·瓦里》
Hélène Vary, étude
现收藏于德国不来梅美术馆

在这幅画中，图卢兹-劳特累克描绘了他在蒙马特的邻居爱莲·瓦里。图卢兹-劳特累克十分欣赏瓦里，认为她有一种平和之美，喜欢她"希腊式的长相"。为定格瓦里的美貌，图卢兹-劳特累克用友人戈兹的相机拍下了瓦里，然后充分发挥画家的力量，从照片中提取出了一个全然不同的瓦里，塑造出了独特的女性气质。图卢兹-劳特累克不理会公众的看法，自顾自地画女性，因为他天生就懂得欣赏女性的优雅。图卢兹-劳特累克曾多次为爱莲·瓦里作画，作画时，画家的好友路易·安奎丁会在一旁指导瓦里如何摆出恰当的姿势。

家人的肖像
Portraits de famille

不同于刻画世间万象时的亢奋，图卢兹-劳特累克在描绘家人时表现得极为克制。家人题材多见于他习画初期，作品间风格变化不大，尽管融入了深切的情感，但当时他尚未形成自己的艺术风格、画技也略显青涩，因此作品无法完全反映他的世界观。这些作品往往充盈着温柔、崇敬之感，这一切都源自一位对图卢兹-劳特累克至关重要的人物——他出色的母亲。

图卢兹-劳特累克在临终前，迫切地想要见到母亲，他渴望回到幸福的童年时光，回到母亲温暖且安全的怀抱，同时希望再见一眼放荡得有些不负责任但整体还算和善的父亲。

在后期以花花世界的阴暗罪恶为题材的作品中，图卢兹-劳特累克充分表现出了自己的天赋：创新、大胆、充满创造力和颠覆性。不过，他初拾画笔来描绘身边人的面孔时，还只是一名循规蹈矩、乖巧用功的少年，缺乏让人眼前一亮的东西，直到他嗅到时代的气息，开始关注作品的写实性（现实主义）及光线的处理。

家人的肖像

劳特累克的故事

《阿方斯·德·图卢兹-劳特累克伯爵夫人》
La Comtesse Alphonse de Toulouse-Lautrec

现收藏于法国阿尔比图卢兹-劳特累克博物馆

图卢兹-劳特累克的父亲性格古怪、傲慢且急躁，因在儿子身上看不到与自己一样的激情活力而大失所望，父子关系冷淡。相反，母亲总会用慈爱的眼神望着图卢兹-劳特累克，关切地为他带来精神上的安慰和经济上的支持，因此图卢兹-劳特累克十分依赖母亲，并由此创作出了一幅充满柔情的肖像。这幅肖像塑造出了一个井井有条、内敛、沉静甚至有些优柔寡断的女性形象，令人印象深刻。画作的用色与惠斯勒为母亲绘制的肖像有着异曲同工之妙，同时不禁联想到印象派画家贝尔特·莫里索的作品《摇篮》。

    1883年，图卢兹-劳特累克为母亲绘制了一幅肖像，即《阿方斯·德·图卢兹-劳特累克伯爵夫人》。这幅画与惠斯勒的《艺术家母亲的肖像》（1871年，现收藏于法国巴黎奥赛美术馆）十分相似，都非常追求画面的整体性，用色和谐，主色均为浅色。图卢兹-劳特累克画面的考究丝毫不损害画中人物宁静慈祥的气质，或多或少可以看到印象派的影子。几年后，图卢兹-劳特累克又在《文森特·凡·高的画像》（1887年，参见第34页）中采用了类似的表现手法（巧合的是画中人凡·高也受到了印象派的浸染）。

    彼时初出茅庐的图卢兹-劳特累克尚未意识到自己真正的天赋，毕竟他在贵族家庭中习得的生活方式很难令他意识到这一点。他只是在画作中描绘周围的环境和自己的内心状态。图卢兹-劳特累克从小养尊处优，学习绘画（这也是家族传统）。他似乎有一种与生俱来的能力，尽管画技生涩，但他面对艺术已然表现出感情的震颤，并自然而然地将艺术作为其表达情感和欲望的方式。

劳特累克的故事

《文森特·凡·高的画像》
Portrait de Vincent van Gogh
现收藏于荷兰阿姆斯特丹的凡·高博物馆

家人的肖像

《保罗·勒克莱尔克》
Paul Leclercq
现收藏于法国巴黎奥赛美术馆

保罗·勒克莱尔（1872年—1956年）是《白色评论》杂志的创始人之一。图卢兹-劳特累克曾邀请保罗到位于马尔罗梅的母亲家做客，并迫不及待地向母亲介绍保罗，称其为"世界上最伟大的青年"，可见两人的惺惺相惜。这幅肖像是在弗罗乔特大道的画室里创作的。据保罗回忆，在图卢兹-劳特累克作画期间，"至少一个月里，我每周定时来弗罗乔特大道三四趟，不过我记得很清楚，每次也就摆两三个小时的姿势。我一到，图卢兹-劳特累克就让我坐在一把大藤椅上。他透过夹鼻眼镜盯着我，眨了眨眼，纵览全局后拿起画笔，在画布上轻轻画上了几道非常淡的痕迹"。每次作画结束后，图卢兹-劳特累克都会带着保罗去周边散步放松。图卢兹-劳特累克的工作模式松弛有度，与塞尚让模特一动不动近乎强迫的坚持恰恰相反，后者无视人物的真实心理状况，前者则将模特视为绘画的一部分。

劳特累克的故事

《路易·帕斯卡尔》
Louis Pascal
现收藏于法国阿尔比图卢兹-劳特累克博物馆

这幅肖像凸显了贵公子路易·帕斯卡尔身上略带傲慢的优雅气质。路易是图卢兹-劳特累克的表弟,也是他小时候的玩伴。图卢兹-劳特累克喜欢路易的仪表风度,但并不认同他在艺术领域的表现,甚至批评他毫无建树。无独有偶,法国作家兼音乐评论家高蒂尔·维尔拉斯(又称威利)也对路易十分不满,称他是"在伦敦洗白过的、惺惺作态的巴黎调情专家,就像一个假冒的小丑"。此外,路易的形象还曾出现在莫泊桑及普鲁斯特的小说中。

渐渐地,图卢兹-劳特累克开始将绘画当作他直抒胸臆的工具,跳出传统的桎梏中,一改以往的习惯,变换眼光,点燃激情,有时甚至不惜破坏角色来成全他最看重的艺术表达。他不再拘泥于某个独立的元素。在为家人画肖像时,图卢兹-劳特累克有时会像莫里索一样着重表现迷人的室内装饰及丰富多样的植物;有时则会像方丹-拉图尔[9]一般谨慎节制,注重表达人物的内在精神及与社会的龃龉,同时探索新的光影效果(1882年的《阿方斯·德·图卢兹-劳特累克伯爵夫人在读报纸》便是如此)。

家人的肖像

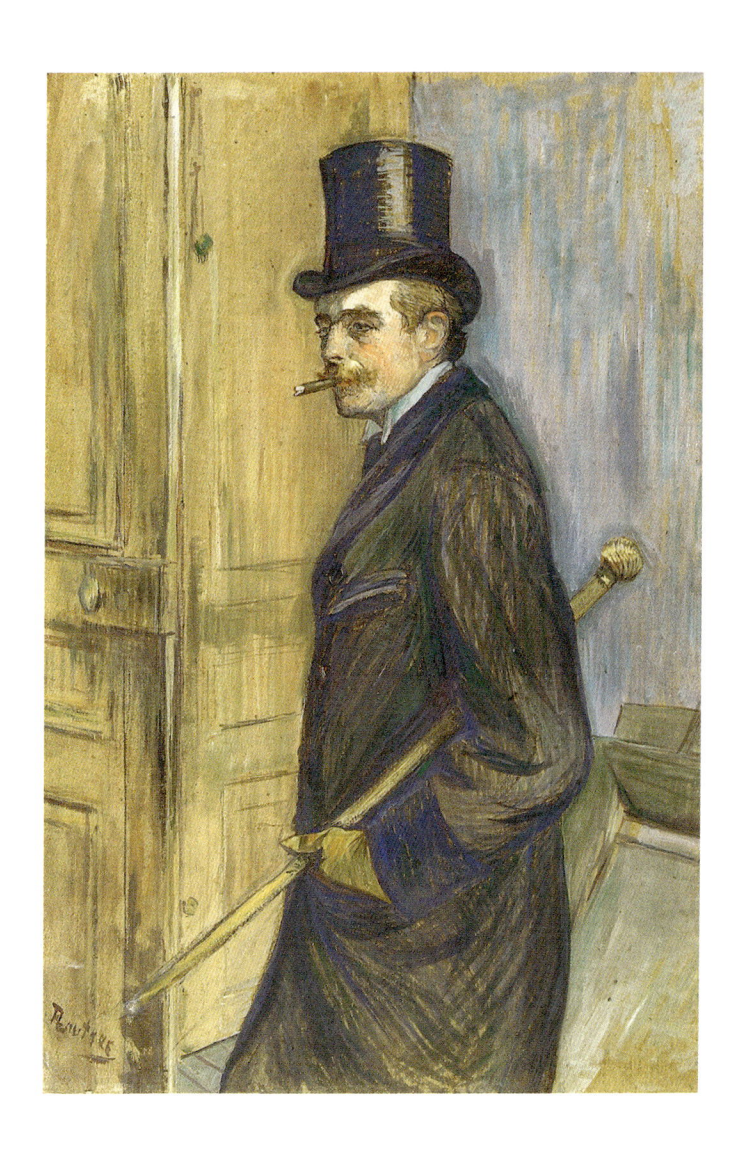

9　译者按：亨利·方丹—拉图尔（Henri Fantin-Latour，1836年—1904年），法国肖像画家、版画家和插画家。

《夏育舞》[10]
Le Chahut
乔治·修拉，现收藏于荷兰奥特洛的库勒-姆勒博物馆

"世纪末"的巴黎
Atmosphère

　　法国作家让·洛兰专注于记录隐晦肮脏的场所，刻画社会边缘的风尘之地，他的诗歌里包含着"微小的震撼、神秘的恶毒、迟滞的紧张、欲求不满的热情、悲伤的腐败、陌生的爱抚及没落的颂歌"。洛兰那丰富、矫饰且带有一种"柔软的邪恶"的文字，与图卢兹-劳特累克用美术符号营造出的氛围不谋而合，也正是这种氛围令图卢兹-劳特累克的作品流芳百世。

　　在巴黎的众多娱乐场所中，红磨坊及煎饼磨坊无疑是颇受欢迎的，它们经常会出现在画家及作家的作品中，同时出现的还有当时的知名舞女。有人曾如此描绘这些娱乐场所的盛况及舞女拉·古留的魅力："过道上挤满了驻足围观的人群、醉醺醺的外国阔佬及外省人。在一片骚乱之中，拉·古留出现了，她体型丰满、皮肤白皙，身着黑色的小布裙。一出场，拉·古留便穿过重重人群，她手搭在另一名舞女奶酪妞的肩膀上，目光冷冷地扫过这群发情的男子。这种眼神是美人所特有的：拉·古留曾在香榭丽舍大街花园、红磨坊、巴黎花园等各地演出，早已见过太多讨厌的

10　译者按：夏育舞（Chahut），19世纪30年代风行于巴黎的一种自在轻松的舞蹈，后来的康康舞（Can-can）就是由此演变而成的。

劳特累克的故事

《红磨坊：拉·古留和她的妹妹》
Au Moulin Rouge, la Goulue et sa sœur
现收藏于丹麦哥本哈根皇家美术博物馆

舞女拉·古留在图卢兹-劳特累克的人生中扮演着重要的角色，经常出现在画家的作品中。这幅版画是根据图卢兹-劳特累克献给1882年独立画展的一幅同名油画翻刻而成的（在本次展览上，图卢兹-劳特累克还展出了另外两幅油画，分别是《拉·古留走进红磨坊》及《拉·古留：两首圆舞曲中间歇息》）。图卢兹-劳特累克急于售卖这幅版画，于是给诗人埃米勒·维尔哈伦写了一封信，信中写道："您曾让我一有新作品便与您联系。我刚完成了一幅彩色版画《红磨坊：拉·古留和她的妹妹》，它是我根据另一幅同名油画创作的，或者说它就是那幅油画的翻刻版本。"这幅版画凝聚了图卢兹-劳特累克作品的所有特点：分明的轮廓、倾斜的构图以及紧凑且富有表现力的线条。

《煎饼磨坊的舞会》
Le Bal du Moulin de la Galette
现收藏于美国芝加哥艺术学院，刘易斯·拉内德·柯伯恩夫妇藏品

劳特累克的故事

《在煎饼磨坊》
Au Moulin de la Galette
私人收藏

在描绘群像时，图卢兹-劳特累克通常会采用长方形的画幅，这种画幅可以使人物变得不那么僵硬静态，同时营造出明快鲜活的气氛。此外，图卢兹-劳特累克也十分注重刻画人物的面部表情，并以此赋予每个人物不同的个性。他用快速锐利的线条勾勒出人物的面孔，辅以恰到好处的妆容及光影效果，创作出了一幅幅令人印象深刻的画作。

男人……拉·古留！突然，她从簇绒的裙摆、花边的旋涡，或镶着精致性感的带子的奢华衬裙里，伸出了一条腿，笔直地伸向枝形吊灯。这是一条'装备齐全'的腿，膝盖上方戴着一圈闪耀的钻石装饰。她充满欢愉和引诱地摆动着双腿，既撩动又鼓舞，脚丫不太连贯地律动着，仿佛在向围观的人群致以问候。在这场夏育舞聚会中，在这些无聊的大型女性派对中，拉·古留仿佛巨星般闪耀全场……"

在娱乐场所中，人们放弃了当时社会倡导的正道，为不正当的诱惑铤而走险，一副被狂热的性爱冲昏头脑的模样。出人意料的是，尽管娱乐场所中充斥着令人难以忍受的颓丧和低级狂欢的恶臭，图卢兹-劳特累克还是从中找到了一份归属感，融入了这个狂放的世界，因为这里的人们只管寻欢作乐、放浪形骸，完全不理会外界的意见及标准，自然也不会戴着有色眼镜来看待他。在这里，图卢兹-劳特累克终于得以摆脱他人的指指点点，于是他决定用画笔记录这个世界，记录下这里令他着迷的"大众的粗俗"。

劳特累克的故事

《拉·古留走进红磨坊》
La Goulue entrant au Moulin Rouge

现收藏于美国纽约现代艺术博物馆，戴维夫人和勒维先生捐赠

巨星拉·古留决定了一场演出的质量，她的入场是移动剧场的高光时刻。在这幅画中，图卢兹-劳特累克便描绘了拉·古留这位红磨坊灵魂人物的入场瞬间。拉·古留身穿一件大开襟连衣裙，露出胸前雪白的肌肤，在左右两名同伴的衬托下显得格外撩人。然而，岁月的痕迹已经悄然爬上了拉·古留的脸庞，哪怕是浓妆艳抹也无法掩盖她苍白的面色及疲惫的神情。尽管她看上去依然风光无限，但却透露出一丝凄凉，令人悲悯。图卢兹-劳特累克似乎在通过画笔感叹：这个吃青春饭的女人啊，终究还是逃不过人老珠黄的一天！

充满欲望的巴黎是不说话的。如果巴黎开口了，那只是为了申诉它的痛苦；如果它愤怒了，那么革命就在爆发的边缘。巴黎的生活没有任何快乐可言，除了左拉痛斥的饮酒之乐。在巴黎，享乐是有钱人的事：小资产阶级、公务员、吃地租的外省人、富足的食利者。他们从容地迈出自己的舒适圈，走进一个个寻欢作乐之地，去感受其中灼热的空气以及混合着香水和汗水的迷醉气味，在灯光和靡靡之音中忘却自我。巴黎用表面的浮华掩盖了内在的疮痍：老实人在贫民窟挨饿受冻，灵魂失去了旧日的参照。社会结构已然发生了翻天覆地的变化，给每个人带来了触手可及的自由，让他们可以在堕落的沟渠中尽情挥霍。除了图卢兹-劳特累克，作家龚古尔兄弟、于斯曼、莫泊桑及让·洛兰也带着一股热情走近这群社会的渣滓，不过他们并非见证者，也不是道德主义者，更多的是大胆的好事者。

"暴力的香气令美好的世界激动不已。"巴黎在精致的堕落和庸俗的放荡之间摇摆。人们将这个时代称为"世纪末"：一个由神圣、轻佻、大胆的女性统治的时代。

"世纪末"的巴黎

劳特累克的故事

《卡门》
Carmen
现收藏于美国马萨诸塞州威廉斯顿的斯特林和弗朗辛克拉克艺术学院

卡门是蒙马特高地当地的女孩,但她不是演员,也并非专业模特,只是图卢兹-劳特累克在街上偶遇的一名朴素的女工。画家着迷于卡门的一头红发,因此往往会在作品中凸显这一特色。在这幅画中,图卢兹-劳特累克选用了深色的背景及中性的服装,以强调卡门的社会身份,同时揭示其内在天性。在一身简朴黑衣的映衬下,卡门的红发越发耀眼,一个"正在燃烧"的女性形象跃然纸上。在图卢兹-劳特累克的作品中,服装一直是反映人物个性及其社会背景的关键要素。

靠近缪斯
Entrée des muses

二十来岁本该是情窦初开的年纪,但图卢兹-劳特累克却因为身体缺陷而注定与爱情无缘。在蒙马特地区,他每天都能遇到许多外形靓丽、率真善良的女孩,如他的表妹、模特,还有对艺术世界充满向往的女工。然而,尽管图卢兹-劳特累克拥有丰富的内在及良好的涵养,但他对那些打算找一个境况不错、英俊迷人的伴侣的女孩来说毫无吸引力。

只有在形形色色的风月场所中,图卢兹-劳特累克才得以找到一个释放自己男子气概的出口,摆脱了身体畸形的阴霾。因此,出身贵族的图卢兹-劳特累克逐渐沉溺于这个没有偏见的世界,同时开始走近那些迷人的女子。

初入这个陌生的世界,图卢兹-劳特累克便迷上了一个具有致命吸引力的女子——红发卡门,并为她绘制了许多动人的画像。与专业模特相比,卡门并不擅长摆姿势,但她诱人的容貌使她成了图卢兹-劳特累克的不二之选。

芳特累克的故事

《苏珊娜·瓦拉东的画像》
Portrait de Suzanne Valadon

现收藏于丹麦哥本哈根新嘉士伯美术馆

苏珊娜·瓦拉东在成为画家（而且是才华横溢的画家）之前，曾经是雷诺阿和德加等人的模特。此外，她还与图卢兹-劳特累克有过一段无人不知的关系。瓦拉东曾是图卢兹-劳特累克的情妇，一心想要嫁给这个未来的伯爵。然而，尽管图卢兹-劳特累克愿意将自己的柔情留给蒙马特夜场的舞女（他不属于蒙马特，但他懂得欣赏蒙马特内在的魅力），可是鉴于阶级的偏见和家族的禁忌，他无法将他高贵的姓氏献给眼前这个令他痴迷却出身卑微的女人。诚然，图卢兹-劳特累克在选择恋人上没有阶级偏见，但一旦涉及他的贵族身份，他还是无法做到无所顾忌。他从未求助过这一身份，也从不炫耀自己的出身，但他心里很清楚应该如何守护它。

  图卢兹-劳特累克第一眼见到卡门便欣喜若狂，他和身边的友人说，这是一个"有着金子般脸庞"的姑娘。图卢兹-劳特累克望向卡门的眼神总是发着光，因为他对卡门充满了尊重和爱慕之情。显然，他十分沉迷于这个健康、率真又倔强的姑娘。在图卢兹-劳特累克的笔下，卡门是绝对的美人，留着傲慢夺目的红发，尽显青春美貌。卡门的画像似乎有一种神圣、肃穆、庄严的力量，这是图卢兹-劳特累克通过朴素的服饰、简洁的背景、清冷的人物神态及节制的笔触共同塑造出来的。

  除了卡门，图卢兹-劳特累克同期的作品中也有其他女子的身影。1885年，他创作了《苏珊娜·瓦拉东的画像》，用奔放的笔触塑造了一个与卡门截然不同的女性形象。画中女子的表情略显凝重，让人不禁联想到画家后期讽刺画中那些"令人费解"的细节。

靠近缪斯

劳特累克的故事

《红发女》（又名《梳妆》）
La Rousse (La Toilette)
现收藏于法国巴黎奥赛美术馆

这幅画体现了图卢兹-劳特累克的一大特点，那就是他看待女性的眼光总在柔情与残酷之间游移。图卢兹-劳特累克描绘的对象与德加十分相似，但他没有德加那么粗暴，也不带有对女性的蔑视。相反，图卢兹-劳特累克对女性满怀眷恋，他对女性的脆弱及宽容充满敬意，但又不至于陷入矫揉造作的境地。面对"女性"这一当时的艺术家广泛涉足的题材，图卢兹-劳特累克想做到坦率、直接。在这幅画中，图卢兹-劳特累克捕捉到了女子光滑裸露的背部，并恰到好处地勾勒出了女子的发型。尽管该作品描绘的是风月场所的典型场景，但画家对人物注入了太多的温柔，以至于作品"记录"的意味少了许多。

    图卢兹-劳特累克住在灯红酒绿的蒙马特中心地带，并开始系统地思索如何更好地捕捉女性之美，他想描绘一个个鲜活的女性，展现每个女性的鲜明特征及个性。于是，图卢兹-劳特累克绘制了不少女性肖像，记录女孩们朴素且琐碎的日常片段。他有时也会效仿德加，细致入微地观察女孩们（多是洗衣工和舞女）工作时的状态。但两人呈现出来的作品却截然不同，德加的画作中总是透露着些许"厌女"气息，他甚至画了很多扭曲着身体梳洗沐浴的女性；而图卢兹-劳特累克则羞涩得多，此时的他仍受到柯罗蒙的影响（1886 年离开柯罗蒙画室），看待人物的目光依然天真无邪，单纯得一眼可以看到底，丝毫没有他后期作品中毁灭性的冲动。看着图卢兹-劳特累克早期的作品，谁能预想到他后来在无礼、粗暴和邪恶方面会比德加有过之而无不及。

靠近缪斯

芳特累克的故事

靠近缪斯

《穿着黑色羽毛衫的女人》
La Femme au boa noir
现收藏于法国巴黎奥赛美术馆

这幅肖像的真正主题在于凸显简·艾薇儿的精明无赖。图卢兹-劳特累克用看似杂乱的线条勾勒出了一张粗俗的面孔,过于浓艳的妆容使艾薇儿的表情显得有些僵硬。除了描绘形形色色的女性形象,图卢兹-劳特累克有时也会用女性的服饰来扮装自己,有一张照片拍下了他戴着艾薇儿的帽子和围巾的画面。

    不过,此时的图卢兹-劳特累克在情景的表现力及人物的姿态表现(角度)上已经小有所成。他刻画女性(既有专业模特,也有舞女及女工)的日常举止,捕捉各种不同的女性姿态,有力地凸显了女性矫健、充满活力和热情的形象。传统的肖像往往会抹去人物具有的一切强烈特质,同时避免过度饱满的情感;图卢兹-劳特累克的肖像则有所不同,他的画就像照片一样定格了人物的某个瞬间,这种特质也体现在了他后期的漫画作品中。换言之,图卢兹-劳特累克遵循的是一种瞬时感或真实感。渐渐地,他不再拘泥于学院派(当时艺术界的主流)的准则,并慢慢形成了属于自己的绘画风格,越来越坦率、直接、残忍,甚至致命。他越来越多地采用"错位"构图,选取具有表现力的角度,在狭小的画布空间中画出了一幕幕生动的场景。这也暴露了现代艺术面临的困境:一方面,绘画要与摄影及其瞬间成像的速度竞争;另一方面,绘画在表现主题时既要呈现传统的画面,又要能够超越传统。

《演唱"铃格-珑格-咯"的伊薇特·吉尔伯特》
Yvette Guilbert chantant Linger, Longer, Loo
现收藏于俄罗斯莫斯科普希金博物馆

在这幅画中,图卢兹-劳特累克用简略的笔法画出了一名女歌手表演时的场景。图卢兹-劳特累克似乎特别喜爱描绘女性戴着长手套的模样,在创作此画的前后,他绘制了好几幅题材相同、人物姿势相近的作品(如第 57 页的《戴手套的女歌手》),其中包括他为友人阿尔赛内·亚历山大(艺术评论家,也是图卢兹-劳特累克早期的拥护者)的杂志《笑》绘制的插画。

伊薇特·吉尔伯特,戴黑手套的女人

Yvette Guilbert, la dame aux gants noirs

伊薇特·吉尔伯特凭借光彩夺目的演出以及观众对她的迷恋,成了音乐厅里的"莎拉·伯恩哈特"[11],名噪一时。伊薇特身材苗条婀娜,她的形象在当时可谓是独一无二。怪异的脸色、鲜红的头发及富有表现力的姿态使伊薇特成了众多艺术家的缪斯,如卡皮耶罗、塞姆、莱昂德、费尔南·巴克,当然还有图卢兹-劳特累克。不同于同时代的其他女歌手或舞女,伊薇特对自己有着极为清醒的认识,她在回忆录中写道:"我一直追求极度简洁的形象,希望自己的装扮能与我苗条的身材及小巧的头部达到高度的和谐。我极度渴望能表现得与众不同,可以肆无忌惮地按照自己的意愿进行表演。我的表演必须是欢乐的,但又要带着讽刺——这种讽刺隐藏在演出中,却又一针见血。我想要唱出这个时代的放纵、无耻和邪恶,就像画家绘制幽默讽刺画一样,令每个人都不得不发笑。这就是我的成就,我给这个世界带来的全新贡献。"

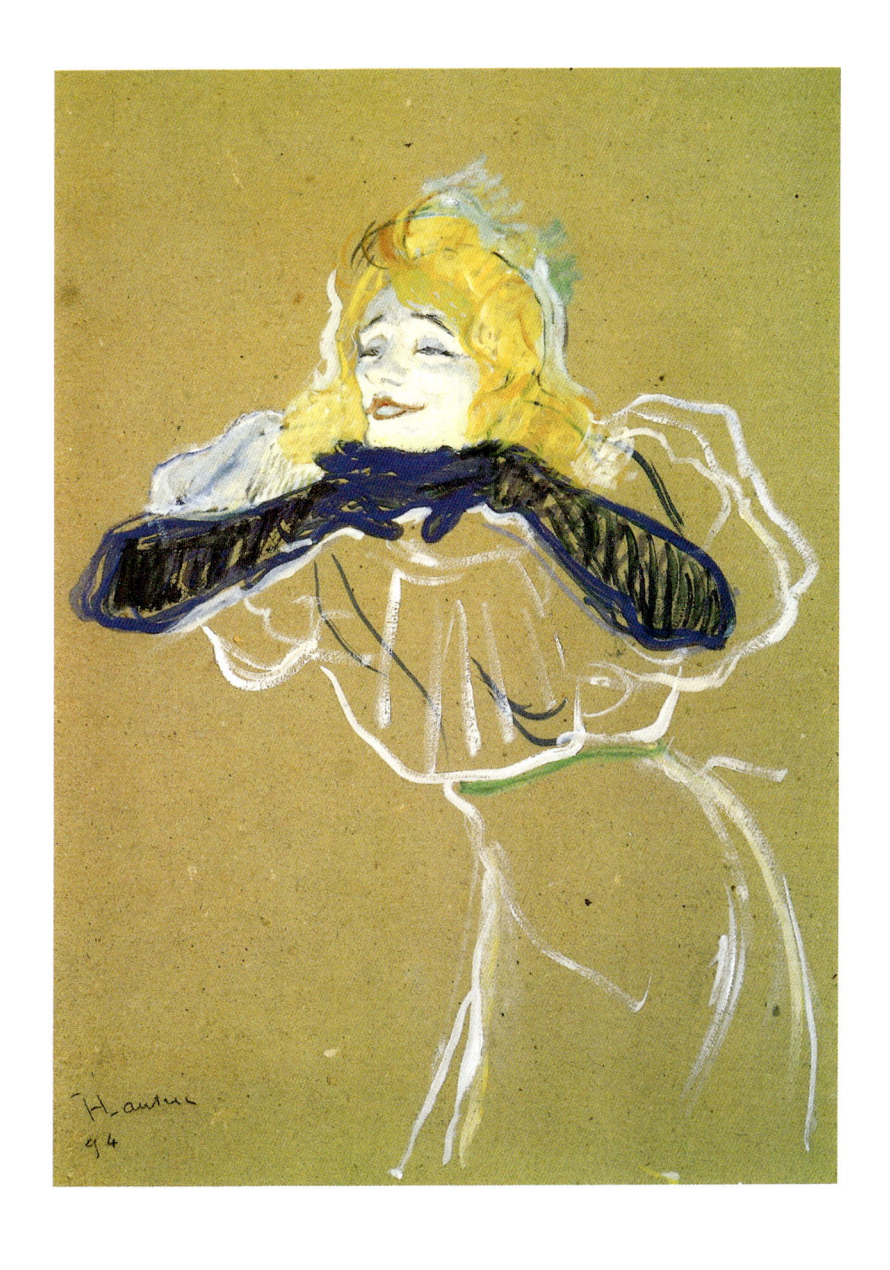

11 译者按：莎拉·伯恩哈特（Sarah Bernhardt，1844年10月25日—1923年3月26日），19世纪—20世纪初名扬世界的法国舞台剧和电影女演员，被称为"神选莎拉"。

劳特累克的故事

《戴手套的女歌手》（又名《咖啡馆的女歌手》）
Singer with Glove (Chanteuse de café)
埃德加·德加，现收藏于美国马萨诸塞州剑桥市哈佛大学佛格艺术博物馆

　　然而，伊薇特的表演并没有获得所有人的青睐。极少说重话的龚古尔在日记中写道："很不幸，她唱的歌是如此肮脏，好像淫秽的祷词，又仿佛在诅咒'碘化钾'之类的东西！是的，她穿着白裙子，戴着黑手套，看上去就像一个疯子！"让·洛兰也在《尘埃巴黎》中强烈地抨击这个他心中无比丑陋的女人。洛兰说伊薇特"长相干瘪，嘴唇长得像刀片一样，宛如一只套在裙子里的蝙蝠。"

　　当然，伊薇特也有着众多拥趸。小说家古斯塔夫·杰夫洛瓦同图卢兹-劳特累克一样，非常喜爱这位"警世家"。两人甚至专门为伊薇特设计了一本专辑，由图卢兹-劳特累克绘图（16 幅版画）、杰夫洛瓦撰稿。

　　杰夫洛瓦在专辑中写道："伊薇特就像是一名火辣的阿拉贝兹舞者，她冷酷而讽刺，是一位一针见血的警世家；她内心狂放，感性毒辣，却又神经兮兮。她既是喜剧演员，又是末日中惊现的缪斯。她深受她所讥笑的世人的拥戴，成了巴黎海报上的巨星。她是'音乐咖啡馆'中的灵魂人物，所到之处莫不欢呼尖叫。"

伊薇特·吉尔伯特，戴黑手套的女人

《伊薇特·吉尔伯特》
Yvette Guilbert

现收藏于法国阿尔比图卢兹-劳特累克博物馆

这幅画原本计划作为宣传海报使用，但伊薇特认为画中的自己看上去"太丑了"。她在一封信中写道"祈求上天，能不要让我这么丑陋嘛！多少好看一点吧……很多来我家找我的人看到这幅彩画时都会大喊大叫……没有几个人能体会到其中的艺术感。"最终，伊薇特放弃了图卢兹-劳特累克的这幅画，转而选用画家泰奥菲尔·史坦林的作品。当时，伊薇特的表演吸引了很多文学家的关注，如龚古尔兄弟便在《日记》中写道："伊薇特的'粗鄙'不像蒂雷萨那般震撼人心，但她的歌词超凡脱俗，每段歌曲都表现出其卓越的才华。不过，她唱歌的技巧真的很蹩脚，就像在讲话。"龚古尔兄弟曾表示，希望能在伊薇特的歌词中听到波德莱尔或亨利·蒙尼尔的文字。

劳特累克的故事

《伊薇特·吉尔伯特的手套》
Les Gants d'Yvette Guilbert

现收藏于法国阿尔比图卢兹-劳特累克博物馆

黑色手套是伊薇特的灵魂所在。伊薇特曾在回忆录中写道:"我的黑手套象征着我的放荡不羁,象征着下流、没有灵魂的氛围里的一种高雅。"图卢兹-劳特累克用娴熟的画技呈现了这一暧昧、喻指放荡姿态的小配饰,展现了歌舞厅的特色。画中以物代人的手法可以说是一项空前的创新,既体现了"省略的艺术",也体现了图卢兹-劳特累克对乔装打扮的特殊喜好。与其他画家相比,图卢兹-劳特累克更了解配饰在女性肖像中的重要性。在他眼中,比起神话主题中的裸体,女性的服饰能更生动地表达人物的情欲。

  图卢兹-劳特累克则以伊薇特为灵感创作了大量的速写及令人眼前一亮的油画,如《伊薇特·吉尔伯特向观众打招呼》《演唱"铃格-珑格-咯"的伊薇特·吉尔伯特》《伊薇特·吉尔伯特的手套》。在最后一幅画中,图卢兹-劳特累克将伊薇特的形象浓缩成了一个配饰——手套。这简直太恰当了,因为手套是伊薇特的最佳象征,它既定义了伊薇特的内在精神,又凸显了她颇具挑逗意味的性感。

  毫无疑问,伊薇特成了图卢兹-劳特累克笔下的经典人物。图卢兹-劳特累克一直在用一种冷酷的眼光审视这位巴黎"世纪末"的明星,并不是因为画家内心尖酸刻薄(反对者就是这样口不择言地批判图卢兹-劳特累克的),而是因为他追求对现实的真实呈现,因而才从讽刺画的角度出发,对自己笔下的人物进行深刻的剖析(甚至"鞭打")。

伊薇特·吉尔伯特,戴黑手套的女人

图卢兹-劳特累克的旧照片
Toulouse-Lautrec

《费尔南多马戏团的拉拉小姐》
Miss Lola au cirque Fernando

埃德加·德加，现收藏于英国伦敦国家美术馆

在图卢兹-劳特累克之前，德加便曾通过马戏团或其他主题深入地刻画当时的巴黎图景。不过，两人的画风有所不同。德加的画作更加细致考究，以这幅画为例，风格硬朗，背景更偏古典主义，构图严谨。而图卢兹-劳特累克则十分抵触这种过于严谨的手法，认为这样会让作品脱离狰狞的现实，显得"惺惺作态"。如果说德加是一个颇有才华的怀疑论者，那么图卢兹-劳特累克便像是一个感性且狂热的悲观主义者。

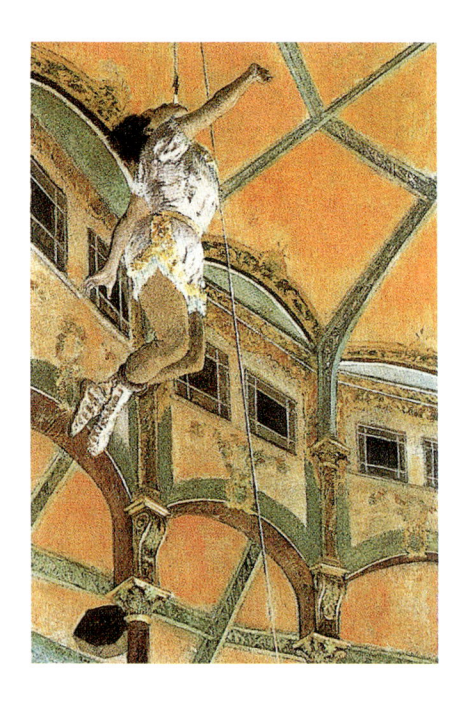

花花世界

Le fashionable

19世纪八九十年代，图卢兹-劳特累克在一幅幅作品中探寻着自己的表达方式。他的画作时而一针见血、大胆生动，如《沿海路的马车》（1888年，参见第64页）及《前往布洛涅森林的骑士》（1888年）；时而炫目夺人，有着电影般华丽的取景，如《费尔南多马戏团的女骑者》（1888年）；时而克制包容，如《金粉》（1887年或1889年）。不过，图卢兹-劳特累克的个人风格更多是在印象派的浸染下形成的，这一影响并没有体现在绘画技法上，而是体现在构图及题材上。图卢兹-劳特累克选择的绘画题材既有花园中的女人，如《对面坐着的撑伞的女人》（1889年）及《坐在"森林老爹"花园里的红发女人》（1889年）；也有咖啡馆，如《宿醉：酗酒的女人》（1889年，参见第63页）；还有低级音乐吧，如《红磨坊的舞会》（1887年）。

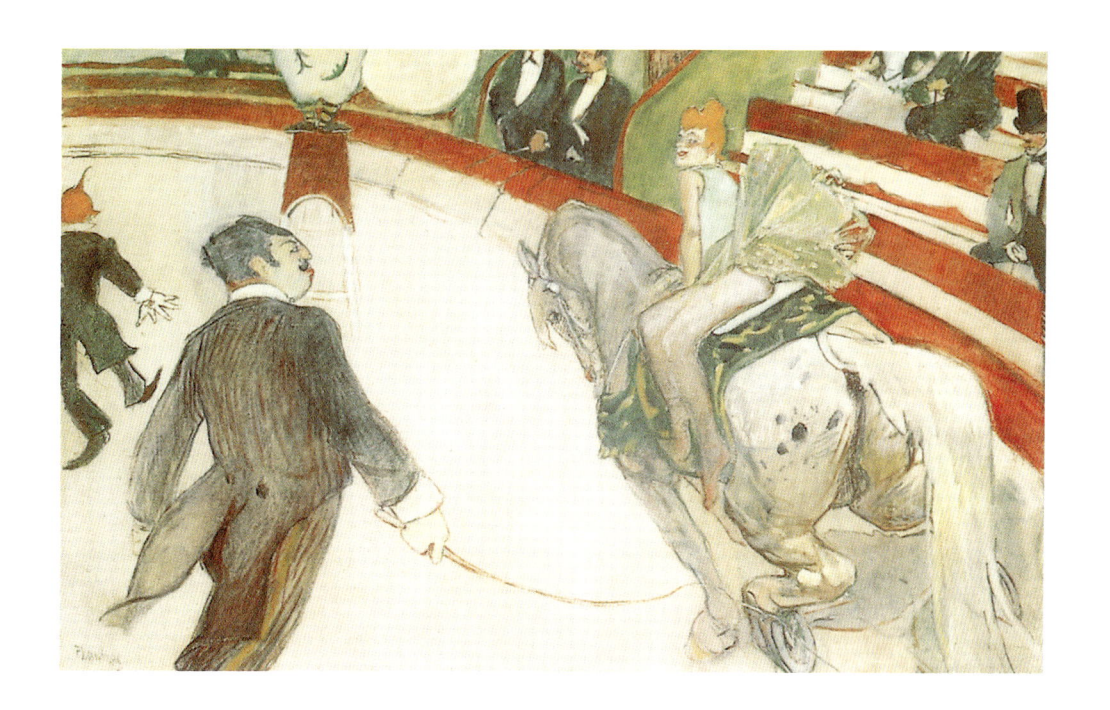

《费尔南多马戏团的女骑者》
Au cirque Fernando: l'écuyère

现收藏于美国芝加哥艺术学院,约瑟夫·温特伯翰藏品

图卢兹-劳特累克是 1880 年在普林斯托的介绍下才知道费尔南多马戏团的。起初,费尔南多马戏团只是在殉道者街一片开阔的空地上演出,后来才拥有了固定的演出地点。马戏团的亮点集中在一个名为梅德拉诺的表演者身上,后来他接管马戏团,梅德拉诺便成了马戏团的名字。在"世纪末"的巴黎,惊险刺激的马戏表演受到了众多观众的青睐,如走钢丝、空中杂技、马术等。有些团体会在固定的场所表演,如布瓦涅森林附近的贝努维尔马戏团、中心街区的新马戏团及莫里哀马戏团、巴黎东边的冬日马戏团;有些团体则选择巡回演出,他们通常会在郊区的空地上搭建临时的帐篷进行表演,其中较出名的当属科尔维马戏团,该马戏团也是修拉的作品《马戏团天堂》(1887 年—1888 年)的原型。图卢兹-劳特累克直到 1889 年在弗利·圣詹姆斯疗养院休养期间,才开始涉猎马戏团主题。

图卢兹-劳特累克先是受到印象派奠基人马奈的影响，后又借鉴了德加的绘画题材及紧凑笔法，开始尝试用生活中稀松平常的人、事、物来诠释生命的力量。图卢兹-劳特累克从来不画那些高高在上的大人物，也不会过度感性，或在作品中过多地渲染某种情绪。自始至终，他都在平凡的现实及自己的生活中挖掘闪光点，他的模特都是他的朋友、邻居，当然还有风月场所（如画家最爱的皮加勒区）的舞女。

　　从1890年的《弹钢琴的迪豪小姐》（参见第67页）到1891年的《在面包心咖啡馆》（参见第187页），图卢兹-劳特累克开始越来越多地采用电影式的场景。《在面包心咖啡馆》与德加的《苦艾酒》有着某种相似之处，同样描绘了咖啡馆的场景，不过，在图卢兹-劳特累克的作品中，人物之间的距离更近，画面也显得更热闹一些。

　　此外，图卢兹-劳特累克与德加画作中的男性形象也十分相近。可以说，在某种程度上，图卢兹-劳特累克借鉴了德加描摹男性神态的手法。两人笔下的男性大多来自同一个花花世界，他们流连于各大娱乐场所，尽情地炫耀着自己的财富，骄奢淫逸、玩世不恭。这个世界，也是波德莱尔在观看朋友马奈的作品时感到浮想联翩的花花世界。然而，在这一片浮华的背后却隐藏着一个冷酷无情的世界。

《宿醉：酗酒的女人》
Gueule de bois: la buveuse
现收藏于法国阿尔比图卢兹-劳特累克博物馆

这幅速写是图卢兹-劳特累克送给朋友戴西雷·迪豪的礼物，同一主题的油画被挂在芦笛歌舞厅中，该歌舞厅因为歌手阿里斯蒂德·布鲁昂而名声大振。酗酒是当时常见的绘画主题，如德加的名作《苦艾酒》，以及有着异曲同工之妙的图卢兹-劳特累克的作品《金粉》。毕竟，花花世界中的登徒子们是离不开咖啡和苦艾酒的，这也是巴黎"世纪末"的特点。女歌手韦尔兰是苦艾酒的最佳代言人，她从不吝惜对这种有着"绿色精灵"之称的饮品的歌颂。巴黎饮葡萄酒的意识早期主要是左拉唤醒的。不过，当时的文学界及绘画界对酗酒这一主题仍存在争议，认为其过于消极，它意味着悲观主义、灵魂的丢失、对自我的质疑、麻木呆滞……总而言之，就是孤独。

劳特累克的故事

花花世界

《迪豪小姐》
Mlle Dihau

埃德加·德加,现收藏于法国巴黎奥赛美术馆

19世纪,名门淑女都得会背诗、绘画、刺绣和弹钢琴,因此她们也成了画家争相描绘的对象。从马奈、雷诺阿、凡·高、塞尚到维亚尔,当时几乎所有画家都画过这类画像。这幅《迪豪小姐》出自德加之手,描绘了一个安静美好、知书达理的淑女形象。不同于有些画家喜欢剖析场景下人物的孤独(如古斯塔夫·卡耶博特的作品),这幅画散发出无忧无虑的幸福气息,德加在画中歌颂青春,凸显人物优雅的姿态。他花了一定的笔力来刻画人物的面部,同时(一如既往地)十分注重背景的构建,以加强画中女子与乐器之间的联系(迪豪小姐是一位音乐老师)。作品并没有采用常规的肖像视角(模特正对观众),而是描绘了一个背对观众、转身回眸的女子,不禁让人联想到德加的另一幅惊世佳作《贝莱利一家》。

《沿海路的马车》
Le Cotier de la compagnie des omnibus

私人收藏

这是图卢兹-劳特累克为埃米尔·米什莱的《巴黎景致》所绘的四幅插画之一。《巴黎景致》描写了巴黎的夏季,"当资产阶级都去往或者已经在乡下度假时"的景象。图卢兹-劳特累克并没有完全根据文字作画,而是记录了自己对巴黎的印象,并围绕当时广受推崇的主题展开,即巴黎不为人知的普通生活。那一时期涌现出了一大批类似主题的作品,如意大利风俗画家乔瓦尼·波尔蒂尼的《皮加勒广场的马车》,以及史坦林为阿里斯蒂德·布鲁昂绘制的一幅插画。

劳特累克的故事

《加歇小姐》
Mlle Gachet

文森特·凡·高，现收藏于瑞士巴塞尔艺术博物馆

《弹钢琴的迪豪小姐》
Mlle Dihau au piano

现收藏于法国阿尔比图卢兹-劳特累克博物馆

凡·高曾目睹图卢兹-劳特累克作画的场景，他在给弟弟提奥的信中写道："图卢兹-劳特累克为女音乐家绘制的画令我惊叹不已、颇受触动。"在这幅画中，图卢兹-劳特累克用迅速的笔法和细碎的笔触（与《文森特·凡·高的画像》相似，参见第 34 页）营造出了一种静谧的小资氛围。作品取景于音乐老师迪豪小姐（全名玛丽·迪豪）家的公寓。迪豪家位于弗罗乔特大道，家中收藏了大量珍贵的艺术品。或许是受此启发，图卢兹-劳特累克在背景处画上了多个画框作为墙面装饰，此外他还在前景中绘制了一个巨大的浅色乐谱，以平衡整个画面，同时向德加的名作《迪豪小姐》致敬。

花花世界

劳特累克的故事

《简·艾薇儿在巴黎花园》
Jane Avril au Jardin de Paris

私人收藏

这幅画是简·艾薇儿入驻巴黎花园时,图卢兹-劳特累克应她本人要求所画的海报。巴黎花园是巴黎夜生活的象征,坐落在香榭丽舍大街上,与红磨坊间有一辆专车接送,每到深夜时分马车便会从红磨坊出发载客。该画体现了日本艺术对图卢兹-劳特累克的影响。画中看不见脸的音乐家手里握着的低音提琴的琴颈与舞者灵动的腿部线条相呼应(或对抗),形成了一种有趣的动感。图卢兹-劳特累克对此画感到十分满意,甚至请在报社工作的朋友(罗杰·马克思、安德烈·马蒂等人)帮忙宣传。弗朗西斯·茹尔丹在杂志《羽毛》登有这幅海报的特刊上对此该画进行了饱含激情的解说。和图卢兹-劳特累克的许多其他作品一样,这幅海报通过夸张的人物姿态体现舞女的迷茫、沮丧和落寞。艾薇儿厌倦的神态就像一个隐秘的悲观主义印记,揭示了浮华表象下的悲剧。

酒馆及卡德利尔舞 [12]

Beuglants, tabarins et quadrilles

I

比起名门淑女,图卢兹-劳特累克显然更了解娱乐场所中的女子。图卢兹-劳特累克几乎没有收到过肖像委托,自然也就没有机会为贵妇小姐作画(除了米西亚,不过,如果严格来说,米西亚也不是图卢兹-劳特累克的客户,两人是非常好的朋友),只能描绘那些他经常光顾的场所中的小人物,如演员、舞女,还有妓女。这或许也是一大幸事,因为他不必像其他画家那样为满足商业需求而不得不奉承自己的客户(很可能就是模特),故而得以保留艺术的纯粹性。像波尔迪尼、史蒂文斯、拉·甘达拉等画家就时常会出现在上流社会的沙龙及晚宴中(《追忆似水年华》的人物原型也来源于此),这些场所满是各界名流,少不了互相吹捧,宾客们自然亟需一幅可以拿来炫耀的肖像。

酒馆及卡德利尔舞

12　译者按：卡德利尔舞（quadrille），18 世纪—19 世纪流行于欧洲的舞蹈。

劳特累克的故事

简·艾薇儿的旧照片
Jane Avril

　　尽管都是绘制女性肖像，刻画女性及其社会角色，但图卢兹-劳特累克却做到了自成一体。他从漫画中汲取灵感，强化画面效果，挖掘模特的内在心理，有时甚至到了残酷无情的程度。这与他早期为家人创作的肖像大相径庭，彼时的他初入画坛，还算循规蹈矩，作品中充满着敬意及爱意（如对母亲），画风含蓄温和。而如今的图卢兹-劳特累克宛若出鞘的利刃，辗转于各种娱乐场所场所，过着忙碌放纵的生活，因此其作品也变得更加狂热、更有戏剧张力，他尤其喜欢描绘充满讽刺、挑逗、无情的舞蹈，以此映射舞者及自己的生活状态。

酒馆及卡德利尔舞

红磨坊的旧照片
Le Moulin Rouge

红磨坊建在白皇后酒馆的旧址上。酒馆的名字"白皇后"直接取自地名"白广场"。红磨坊于1889年10月5日开张,正式开张前在宣传方面可谓是煞费苦心,邀请画家们创作了一系列撩人心弦的海报。其中就包括当时最红的海报画家儒勒·谢雷的一幅海报,画面中一群婀娜的女孩仿佛朝圣般地走入红磨坊。在强劲的宣传攻势下,红磨坊一炮而红。

劳特累克的故事

卡德利尔舞的旧照片
Le Quadrille

这张照片记录了红磨坊表演的高潮时刻，浓妆艳抹的舞女们摆出了各自的招牌姿势，现场气氛火热、人声鼎沸。弗朗西斯·茹尔丹曾说："红磨坊的客人们并不跳舞，他们只是观赏舞姿或欣赏跳舞的女郎。格里耶·艾古、高跷腿妮妮、金拉咏、奶酪妞、拉·古留……巴黎的知名舞女们抬起花边裙里的腿，露出了黑色长袜和粉红色内裤之间的白皙肉体，这正是假面舞会的致命吸引力所在。"

酒馆及卡德利尔舞

《在红磨坊》
Au Moulin Rouge

现收藏于美国芝加哥艺术学院，海伦·伯奇·巴特利特藏品

1892年—1893年，图卢兹-劳特累克开始被人们称为"拉·古留及其他舞女的御用画家"。无论从作品的尺寸（123厘米×141厘米）还是场景设计来看，这都是一幅制作宏大的作品，也是图卢兹-劳特累克献给红磨坊及其观众最郑重的作品。据菲利克斯·费内翁所说，图卢兹-劳特累克对红磨坊的一切烂熟于心。他陶醉于深夜放纵的观众和舞女，"爱着他们，并怀着持久的好奇心研究他们，很快，他发现：眼前的这些木偶心中充满郁闷的悲伤，他们都太爱自己了。图卢兹-劳特累克赋予了观众和舞女不同的个性：麻木的绅士及邪魅的女士。以这幅画为例，在红发的映衬下，舞女们面如死灰、瑟瑟发抖、满是情欲"。画中围桌而坐的人很可能是图卢兹-劳特累克的朋友，不过关于他们的身份学者并没有达成一致。有人认为，画面右下角的焦点人物是简·艾薇儿，但这一猜想值得商榷，毕竟其形象与其他肖像中的艾薇儿几乎没有相似之处。这幅作品体现了图卢兹-劳特累克心中风月场所的模样：在一片隐晦抑郁的氛围中，每个人都犹如行尸走肉。

劳特累克的故事

《夏育考，红磨坊的小丑》
La Clownesse Cha-U-Kao au Moulin Rouge

奥斯卡·莱因哈特私人收藏，瑞士温特图尔

夏育考的形象曾多次出现在图卢兹-劳特累克的作品中，如《坐着的小丑》（参见第 175 页）、《戴帽子的小丑》等。夏育考是红磨坊和新马戏团的舞女，她的名字"Cha-U-Kao"源自法语"chahut-chaos"，有"乱七八糟的夏育舞"的意思。观众十分喜欢夏育考不拘小节的放荡模样，因此她的登场总会伴随着如雷的欢呼声和掌声。在这幅画中，夏育考挽着另一名舞女加布里埃（同样受到图卢兹-劳特累克的青睐）；在夏育考背后，还有两个抓人眼球的身影，爱尔兰歌手梅·贝尔福及画家的熟人特里斯坦·贝尔纳。

"这些娱乐场所里满是奇异的滑稽面孔，随处可见登徒子、各式各样的怪人和人渣。人们吼叫着，低哼着愚蠢的小调。这里的男男女女、聒噪的乐队、低级的酒馆及愚蠢的埃尔兰多乐队……一切都令图卢兹-劳特累克心醉神迷。"实际上，大部分表演者不过是舞台上的傀儡，哪怕是巨星拉·古留也不例外。歌手阿里斯蒂德·布鲁昂则有些不同，他从不讨好客人，而是希望通过激昂尖锐的词句震慑客人的灵魂，颇有些图卢兹-劳特累克在绘画界的样子。这可能也是图卢兹-劳特累克多次描绘布鲁昂的原因。

从某个角度来看，舞台上的表演又何尝不是绘画界乃至整个社会的缩影。有的肖像是为了吹捧、恭维，有的肖像是为了质疑、动摇。毫无疑问，图卢兹-劳特累克选择了后者，尽管在披露现实的道路上很可能会面临重重阻力，甚至不可避免地会伤害到自己，但他依然义无反顾。

酒馆及卡德利尔舞

劳特累克的故事

《红磨坊:两位华尔兹舞者》
Au Moulin Rouge: les deux valseuses

现收藏于捷克布拉格国家美术馆

在这幅画中,图卢兹-劳特累克描绘了一对正在跳舞的舞女,两名舞女沉浸在舞蹈之中,在愉悦且狂热的氛围里亲昵地律动。此时的舞女掀开了往日虚假的面具,流露出一种温柔的气息。图卢兹-劳特累克画出了两个女人亲密相依、若有所思的画面,她们仿佛超脱了一切的喧嚣混沌,进入了一个温柔的世界。

酒馆及卡德利尔舞

《红磨坊：准备跳卡德利尔舞》
Au Moulin Rouge: le départ du Quadrille
现收藏于美国华盛顿国家美术馆

图卢兹-劳特累克常会光顾红磨坊，记录人们寻欢作乐的姿态，这里有他的熟人、模特和朋友。红磨坊，可以说是狂欢的代名词，各式各样的节目和娱乐活动在这里轮番上演。人们盛装出席，在红磨坊跳舞、聚会。俊俏的女孩们跳着挑逗的舞蹈，她们夸张的姿态具有一种奇异的美感。图卢兹-劳特累克用画笔捕捉到了这些时刻，笔下流露出嘲讽的意味，但他依旧热衷于创作这些奔放而意味深长的画作，真实地再现红磨坊中的狂热氛围。此外，图卢兹-劳特累克执着于狂欢活动的戏剧属性，比如这幅画中的栏杆就使人联想起了剧院。

劳特累克的故事

《无骨瓦伦丁的新舞步训练》
Le Dressage des nouvelles par Valentin le Désossé
现收藏于美国费城艺术博物馆,亨利·麦克尔汉尼藏品

这幅画描绘了红磨坊中的场景。红磨坊对图卢兹-劳特累克的意义,就如同煎饼磨坊对雷诺阿的意义一样。红磨坊是最能展露图卢兹-劳特累克才华的主题,比起煎饼磨坊,红磨坊更加奢华,来往的宾客有图卢兹-劳特累克的朋友、穿大衣戴高礼帽的绅士、兴致颇高的资产阶级富人和时尚界的宠儿。外界对《无骨瓦伦丁的新舞步训练》中的人物进行了多元的解读,有人称,画中舞女"鼓起的裙摆飞扬,带着一股可怖的怒气飞旋着,仿佛困在围栏中的靡菲斯特[13]"。与点彩派大师修拉的作品《夏育舞》(参见第 39 页)相比,图卢兹-劳特累克的这幅画构图没有那么严谨,节奏更加明快,气氛也更加热烈,展现出了表演者与观众之间的互动(这正是红磨坊表演的真谛)。1890 年,《无骨瓦伦丁的新舞步训练》在独立画展上展出,后又被红磨坊收购,与画家的另一幅作品《费尔南多马戏团的女骑者》(参见第 61 页)一同挂在红磨坊门厅的吧台上方,成了红磨坊的标志,也成了其精神最完整的体现。

梦回蒙马特

L'héritage de Montmartre

I

    一群纵情声色、无耻下流的人,仿佛法国的流浪艺术家一般,一头扎进了巴黎这个大都市。这是一群燥热、放纵的乌合之众,他们在被金钱和权势掌控的社会中找到了属于自己的舞台,在巴黎的各大娱乐场所中尽情地释放自己的激情、发泄自己的愤懑。

    在灯红酒绿之间,既有表演者,也有看客,他们沉迷在性爱、酒精和颓丧的慵懒中,无所事事地荒废光阴,随心所欲地调情。从中,我们可以看到一个自诩还算注重公民美德和尊重法律的社会的丑态。这些娱乐场所大多汇集在巴黎林荫大道附近,周围还有很多剧院和报社。而图卢兹-劳特累克就住在皮加勒广场和克里希广场之间的蒙马特高地,自然时常会光顾形形色色的娱乐场所。图卢兹-劳特累克在蒙马特搜罗绘画题材,用画笔高度还原了当地灯红酒绿的生活,因此他也被世人誉为"蒙马特之魂",不仅成了那个时代蒙马特生活的象征,也成了"世纪末"的巴黎的见证者。

13 译者按：靡菲斯特（Méphisto），曾出现在多部文学作品、歌剧及电影中，是恶魔的象征。在歌德的歌剧《浮士德》中，他是引诱人类堕落的恶魔，玩世不恭，却又不失冷静、诙谐和机智。

劳特累克的故事

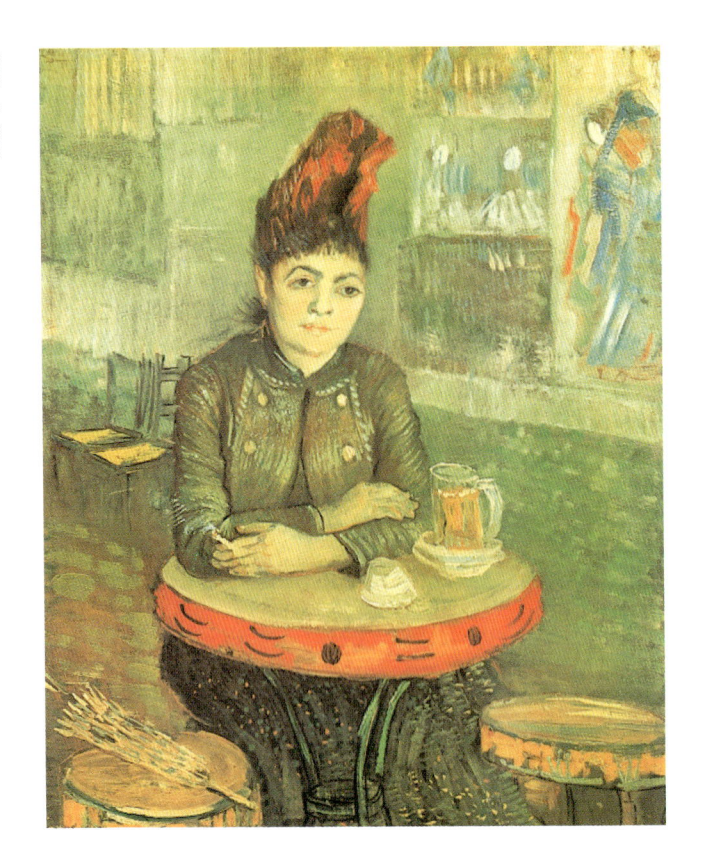

《铃鼓咖啡馆的阿戈斯蒂娜·塞加托里》
Agostina Segatori au café du Tambourin
文森特·凡·高，现收藏于荷兰阿姆斯特丹的凡·高博物馆

这幅画与图卢兹-劳特累克的作品《在面包心咖啡馆》有着某种相似之处。凡·高在画中描绘了自己的密友塞加托里（两人曾陷入爱河）。塞加托里是铃鼓咖啡馆（克里希大道62号）的老板，曾帮助凡·高举办了一场小型画展。

《图卢兹-劳特累克为简·艾薇儿作画》
Toulouse-Lautrec croquant Jane Avril
米克·格拉斯,现收藏于法国阿尔比图卢兹-劳特累克博物馆

　　在图卢兹-劳特累克的崛起的同时,德国表现主义也登上了历史的舞台,该流派的代表画家有基希纳、施密德·罗夫特洛夫、诺尔德等。或许是因为相同的时代背景,这些画家的作品与图卢兹-劳特累克的作品有着某种相似之处,画面中都贯穿着快速、紧张、暴烈的线条,以及尖锐且极具冲击力的色彩,呈现出热烈的气氛,令人热血沸腾,同时揭示了生命中丑陋的一面。

煎饼磨坊的旧照片
Le Moulin de la Galette

煎饼磨坊是蒙马特地区遗留下来的最后一座风车磨坊,伴随着巴黎的城市化进程,煎饼磨坊被改造成了舞场和酒吧,颇受巴黎普罗大众的欢迎。这里既有工人,也有轻浮的少女和卖弄风情的女人。雷诺阿留下了许多关于煎饼磨坊的传世之作,展现了小人物感性温柔的一面,营造出了欢乐的聚会氛围。这种氛围与图卢兹-劳特累克作品中尖锐邪恶的世界截然不同。后来,煎饼磨坊的地位逐渐被红磨坊取代。如果说煎饼磨坊是印象派的化身,那么红磨坊就是游移在精致和虚伪之间的"世纪末"的写照。

图卢兹-劳特累克和拉·古留同在煎饼磨坊的老照片
Toulouse-Lautrec au Moulin de la Galette en compagnie de la Goulue

据《费加罗报》报道,在煎饼磨坊的开业仪式上,有六千多位宾客齐聚在树木成荫的花园里。每晚八点半至十点,在舞会开场前,煎饼磨坊都会举行音乐会。渐渐地,"画家、雕塑家、作家、舞者、上流社会,乃至整个快乐的巴黎"都成了煎饼磨坊的常客。

劳特累克的故事

《大使：阿里斯蒂德·布鲁昂》
Les Ambassadeurs: Aristide Bruant

私人收藏

歌手阿里斯蒂德·布鲁昂是图卢兹-劳特累克笔下的关键人物之一。得益于图卢兹-劳特累克，布鲁昂被塑造成了一个传奇。在图卢兹-劳特累克之前，由史坦林负责为布鲁昂作画。后来，为进一步提升自己的社会地位，布鲁昂决定邀请图卢兹-劳特累克为自己创作一幅肖像，展现自己桀骜不羁的形象。当时的一位记者写道："无论图卢兹-劳特累克对自己多么无情，他对别人可不这样。这不过是一张平凡人的面孔，而他的作品也只不过是把最令人不快的事物用打趣的方式表现出来罢了。"图卢兹-劳特累克并没有采用讽刺的手法，只是画出了布鲁昂的虚荣、高超的艺术水平及近乎圣人雕像的傲慢。这幅广受欢迎的作品体现了布鲁昂蔑视高高在上的资产阶级的傲骨。图卢兹-劳特累克运用果断干脆的线条，结合两种富有冲击力且对比鲜明的色彩，创作出了生动丰满的画面效果，既怪诞又直击人心。

黑猫咖啡馆的儿女

Les enfants du Chat Noir

谈及"世纪末"的绘画界和文学界，就离不开咖啡馆、酒馆、舞厅等娱乐场所。黑猫咖啡馆便是其中的佼佼者。罗道夫·沙利斯创办的黑猫咖啡馆起初坐落在络石夏尔大道34号，但很快便搬到了阿尔弗雷德·史蒂文斯的住处，乍看之下是一座乡间小屋，只能通过威莱特所题的招牌了解它的名称及营业范围。

沙利斯注意到精致奢华的装饰品渐渐受到人们的喜爱和关注，比如学院派画家为取悦客户所绘的画就颇受好评。于是，沙利斯决定打造一个梦幻的世界，将来自不同时代、不同国家及不同风格的好玩事物囊括其中。例如，黑猫咖啡馆最夺人眼球的节目便是小型皮影戏，由后印象派画家亨利·里维耶设计，设计师卡朗·达什参与制作，魏尔伦的妹夫查理·德·西夫里负责音乐。

虽然黑猫咖啡馆的名气很大，但它不是周边唯一的娱乐场所。据1897年的《阿歇特年鉴》记载，当时的娱乐场所数不胜数，有皮加勒街73号的歌手夜总会及5号的塔巴兰露天舞台[14]，

喷泉街 16 号的多来客音乐咖啡馆，特鲁达因大街 28 号的红驴子文艺酒吧及隔壁的亮点音乐吧，奥维涅塔街道 43 号的音韵钟歌厅，络石夏尔大道 108 号的蒙马特音乐厅，克里希大道 60/62 号的四艺舞会、34 号的虚无酒馆、53 号的天空夜总会等。此外，还绝不能少了喷泉街的颓废酒吧及杜埃街的小马车歌舞厅。

14　译者按：塔巴兰露天舞台的命名源自巴黎的杂耍演员和喜剧演员塔巴兰（Tabarin，1584 年—1626 年 11 月 29 日），真名为安托万·吉拉德（Antoine Girard）。

劳特累克的故事

黑猫咖啡馆的旧照片
Le Chat Noir

沙利斯借鉴了埃米尔·古多创办厌水俱乐部[16]的经验，凭借自己外向的个性和积极的质疑精神创办了黑猫咖啡馆。人们在黑猫咖啡馆开展了许多艺术和文学活动，这些活动在威莱特、卡朗·达什和诸多作家的合作主持下集结成了一本出版物。黑猫咖啡馆还见证了象征主义戏剧的萌芽（代表人物为梅特林克[17]）。后来与卢涅·波耶共同合作运营名家剧院的卡米尔·莫克莱尔认为："在如此自由、如此无拘无束、如此诱人的蒙马特高地，人们从来不喜欢沉闷的自然主义，也不喜欢刻板的巴那斯派。可以说，在象征主义诞生之前，黑猫咖啡馆及当时的蒙马特为理想主义留出了一方空间，供人在其中做梦。克罗斯的精致、法布尔的艺术歌曲[18]、威莱特的宽恕、史坦林充满痛苦的悲悯，以及许许多多的新事物，共同开辟出了一条新的道路。"

　　黑猫咖啡馆搬走后，络石夏尔大道 34 号的旧场子被布鲁昂接管。在这个"空间狭窄、来宾接踵比肩"的地方，布鲁昂创办了芦笛歌舞厅（名字源于歌舞厅天花板上的一只两米长的芦笛）。你方唱罢我登场，那边是沙利斯在黑猫咖啡馆赢得满堂彩，这边则是布鲁昂在芦笛歌舞厅出尽风头。"在两排桌子之间的过道里，布鲁昂穿着螺纹天鹅绒夹克和红色衬衫，一边来回走动一边唱歌。"有时，布鲁昂演出到兴起处，还会跳上桌子谩骂来宾（通常是常客）。他声嘶力竭地唱着，夹带着一些黑话。"不管是对贫民和妓女，还是对皮条客和流氓，布鲁昂都不吝'赞词'。他的表演为无赖下流的观众带来了一种卑鄙而天真的感受"。布鲁昂自称是"民间歌手"。作为评论界的权威，诗人弗朗索瓦·戈贝将布鲁昂称为"法国中世纪杰出诗人维庸的传人"；洛朗·塔哈德则说布鲁昂别出心裁地捕捉到了"人行道上的美女、流氓的嫖客和乞丐极具特色的一举一动"（莱昂内尔·理查德）。

　　布鲁昂还效仿沙利斯发行了一份报纸，专门用于介绍芦笛歌舞厅的演出。报纸的主创人员有"乔治·莫纳克斯"，即科特琳；"让·凯洛"，即史坦林；"特雷克劳"，即图卢兹-劳特累克。在图卢兹-劳特累克的加持下，布鲁昂的芦笛歌舞厅度过了最艰难的时期。

　　谈及画家图卢兹-劳特累克和歌手布鲁昂之间的默契，古斯塔夫·卡恩回忆道："图卢兹-劳特累克笔下的布鲁昂，性格强势自负。蒙马特有自己的软肋，它既接受粗俗的艺术，也不排斥浪漫，这就造就了布鲁昂，以及波特列尔[15]。布鲁昂冷嘲热讽、嬉笑怒骂，他夹杂着黑话的音乐是在模仿剧作家黎施潘，他从不谈论自己的故事，因此我们就不要奢求听到什么阳春白雪了。面对蒙马特的喜剧演员和画家用不无尖锐的口吻来揭露现实，巴黎似乎很享受。人们从不歌颂巴黎，但巴黎对这种无礼却毫不恼怒……这股风潮经久不息……布鲁昂甚至曾穿着水管工的服装站在舞台上。"

　　毫无疑问，布鲁昂的走红离不开图卢兹-劳特累克。对此，莱昂内尔·理查德评论道："图卢兹-劳特累克擅长捕捉歌手本身的外表及服饰，他总能找到最合适歌手的轮廓和色彩，将人物转化为极具戏剧感的影像。图卢兹-劳特累克宛如造物主，先有他，才有他笔下的人物。"

15 译者按：让·巴蒂斯特·西奥多·玛丽·波特列尔（Jean-Baptiste-Théodore-Marie Botrel，1868年9月14日—1925年7月28日），法国创作歌手、诗人和剧作家。

16 译者按：厌水俱乐部，创办于1878年，"厌水"即"不爱水"，因为俱乐部里的人都爱酒。

17 译者按：莫里斯·波利多尔·马里·贝尔纳·梅特林克（Maurice Polydore Marie Bernard Maeterlinck，1862年8月29日—1949年5月6日），比利时诗人、剧作家、散文家，1911年诺贝尔文学奖获得者，其作品主题主要关于死亡及生命的意义。

18 译者按：艺术歌曲（Lied），欧洲古典音乐中的一种体裁。

贵族之卑鄙，浪子之慈悲
Le cynisme du prince, la bienveillance du noceur

图卢兹-劳特累克带着祖先的印记来到世上。或者说贵族出身的他本可能会成为一个目中无人的公子哥儿，但他没有，他了解自己出身的含义，也始终保持着清醒的态度。慷慨的本性令他想忘记自己是所谓的贵族。在图卢兹-劳特累克身上，贵族的卑鄙荡然无存，剩下的只有浪子的一颗慈悲之心。

图卢兹-劳特累克完全我行我素。他沉浸在饮酒纵乐的燥热氛围中，喜欢和舞女暧昧地跳着夏育舞。其实，对于"世纪末"的绘画风向，以及推动着社会向自然主义发展的意识潮流，图卢兹-劳特累克的脑海中只有一个零散且模糊的概念。图卢兹-劳特累克确实对人类的处境进行批判，但这一切也只是他面对风月女子、马戏表演，还有歌舞升平、将滋养知识界的社会抱负抛诸脑后的巴黎的所思所感。

《塞莱兰的年轻人卢蒂》
Le Jeune Routy à Celeyran
现收藏于法国阿尔比图卢兹-劳特累克博物馆

图卢兹-劳特累克沉迷于巴黎的夜生活。他几乎没有画过自然风光,倒不是说他厌恶大自然,但后人确实无从评判他在这方面的功力。这幅画是少数带有自然风光的作品,尽管画面略显青涩,但笔触还算灵动。画中的自然风光只是作为背景,却令人眼前一亮。在刻画自然风光时,图卢兹-劳特累克采用印象派的快速笔触,重点不是展示景色,而是抒发他面对若隐若现的自然光线时内心的悸动。作品的主角是马尔罗梅附近(图卢兹-劳特累克曾在此处度假)的农民。因此,这幅画令人联想起巴斯蒂昂-勒帕热和列昂·雷赫米特等农民画家的作品。图卢兹-劳特累克没有拘泥于次要的细节,而是追求一种纯粹的艺术之美,创造出了别具一格的效果。

劳特累克的故事

《在森林里》
Au bois
私人收藏

在贵族阶级舒适奢靡的生活中，森林是一个战略要地。他们所沿袭的与大自然相关的传统爱好和休闲活动都可以在森林里进行。随着人们环境意识的觉醒，人们开始利用起城市内部的自然空间（如布洛涅森林），或者逃离扩张中的城市，前往塞纳河畔及巴黎近郊。可以说，普通大众喜欢去酒馆，而真正高雅的贵族更享受森林。对贵族而言，在森林里得意扬扬地展示自己的"装备"（马匹、服饰等）是彰显自己社会地位的手段。他们常常会盛装打扮，在森林中惬意地散步或骑马狩猎。

  初入画坛的图卢兹-劳特累克已经对自己的家人，贵族这个少数群体的特别之处有所察觉。贵族们住在乡间，索取无度；他们固守权力、习俗，以及其他可以稳固自己身份的传统力量。他们带着贵族的烙印出生，却终其一生都无法挣脱这副枷锁。

  早期的图卢兹-劳特累克手握画笔，默默地观察着身边的家人，但他并没有刻意营造和乐融融的家庭氛围。图卢兹-劳特累克与抒情感性的米勒[19]还不一样，顶多只达到了巴斯蒂昂-勒帕热的层面，在图卢兹-劳特累克和巴斯蒂昂-勒帕热的笔下，乡村生活是没有痛苦的，大自然只是一种装饰。换言之，他们画的是城里人眼里的农民。

  图卢兹-劳特累克会将人物放在一个非传统的自然背景中（如 1883 年的《塞莱兰的年轻人卢蒂》），这样的自然环境体现了某种程度上的现实主义，作为一种绘画上的小研究，还颇有趣味。图卢兹-劳特累克采用生动、轻盈、动人的笔触，以顺应潮流的方式呈现自然风光，即景色可以脱离主题和人物，以取悦感官为唯一目的。图卢兹-劳特累克笔下的自然风光让人不禁联想到印象派大师莫奈的《日出·印象》，自由且充满活力。

  后来，随着图卢兹-劳特累克创作意识的成长，他与生俱来、根深蒂固的阶级观念逐渐弱化。甚至，随着他在追寻艺术的路上越走越远，他的行为也发生了彻底的改变。

贵族之卑鄙，浪子之慈悲

19 译者按：让-弗朗迪克·米勒（Jean-François Millet，1814年10月4日—1875年1月20日），法国巴比松派画家，以写实手法描绘的乡村风俗画闻名法国画坛。

《亨利·德·图卢兹-劳特累克自画像》
Henri de Toulouse-Lautrec par lui-même
现收藏于法国阿尔比图卢兹-劳特累克博物馆

自画像是图卢兹-劳特累克认识自我的一种方式,他通过绘制自画像来检验自己塑造人物(他本人)的能力,以便他恰如其分地了解自己的画技。在作画的过程中,图卢兹-劳特累克在观察自己,但更重要的是审视自己的画技。这幅画有别于传统的自画像,也预示了未来图卢兹-劳特累克会更多地采用这种绘画策略(特别是简化的手法)来强调自己的主题。后来,在日本浮世绘(颠覆了欧洲世界对视觉空间的理解)的熏陶下,图卢兹-劳特累克形成了更为大胆的构图方式。

他人的目光
Le regard des autres

图卢兹-劳特累克只画过两幅自画像,一幅创作于1882年,另一幅创作于1882年—1883年。在第二幅自画像中,图卢兹-劳特累克只描绘了自己在镜子中的模糊身影,表达了图卢兹-劳特累克对自己本身及艺术家身份的探究,耐人寻味。图卢兹-劳特累克通过含蓄的用色巧妙地塑造出了一个朦胧的轮廓,而他的笔触又是迅速、果断、近乎疯狂的。他宛若幽灵般出现在画面中,前方的壁炉上堆着许多杂物,充满了生活气息。图卢兹-劳特累克是透过壁炉上的镜子观察自己的,这也是肖像的传统:画家要进行自我观察。不过,图卢兹-劳特累克选择了一种较为抽离的表现方式,使观众看不出他与画中人的相似之处,要知道相似性(写实性)正是肖像这一自恋的艺术形式所追求的方向。可见,图卢兹-劳特累克不仅质疑自己呈现出来的角色,也质疑自己隐藏起来的角色。

从某种角度来看,图卢兹-劳特累克的自画像称得上是讽刺画。他既不同于追求坚毅、悲怆甚至绝望,力求在脸上表露痛苦痕迹的凡·高;也不同于仔细雕琢肉体老去、感叹时光流逝的伦勃朗。图卢兹-劳特累克不在意皮肉,更注重呈现整体的形象。绘画,尤其是讽刺画,最符合他对瞬时性的着迷以及他在这方面的心得。图卢兹-劳特累克采用生动的线条,描绘了人物的某个姿势(或某个习惯性的动作),塑造出了一个真实存在、有血有肉的角色——他似乎在为自己发声,他有为自己而活的权利,也有嘲笑我们的权利。

劳特累克的故事

图卢兹-劳特累克热爱摄影，他无所顾忌地把自己交给镜头，因为镜头不知道他的不幸，只会留下他的姿态，并将他留在此情此景之中：画室中的他、作画时的他、不午睡的他、花花公子模样的他、拄着手杖的他、男扮女装的他……

　　此外，图卢兹-劳特累克还热衷于便装。对他而言，变装不仅是一种狂欢，通过变装，他可以戴上面具，扮演各种滑稽、有趣的角色。这种放浪形骸的个性正是图卢兹-劳特累克作品的核心精神，并极大地激发了他的创作灵感。

　　那么在旁人的眼中，图卢兹-劳特累克又究竟是何种模样。《白色评论》的创始人特迪·纳坦逊曾这样描述自己的密友图卢兹-劳特累克："他又矮又黑，像是侏儒，只有普通男子的一半身高。乍看之下，他的体重及硕大的头颅几乎要把两条腿压扁了，整个上半身显得很不成比例……很重、摇摇欲坠。他的胡子像动物的鬃毛，头发又好像中国画的墨水。板寸头让头部看起来很扁，身体也显得有些发福。他似乎染过头发，发丝卷曲。不成比例的嘴角紧闭着，有些充血，八字胡向下垂着。他的手指很粗，上面戴着精致的饰品，巨大的双手能够拎起一个巨大的调色板和所有的画笔，有时也会拄着一根顶部弯曲的木质手杖。"

　　亚瑟·戈德和罗伯特·菲兹代尔在为米西亚·纳坦逊作传时写道：米西亚初识图卢兹-劳特累克时，"看到了一个怪物般的侏儒。他丰厚的嘴唇、鳞茎状的鼻子、硕大无比的头颅、巨大的双手，再加上他靠拐杖拖着自己前行的极其可怖的痛苦模样，令米西亚想要转身离开。图卢兹-劳特累克夜夜醉酒、颓废度日"。但是，随着时间的流逝，"米西亚忘记了自己抗拒的感觉，爱上了这个矮小的男人。尽管这个男人一直用冷酷的眼光观察世界，他的心里却怀着无尽的愉悦。图卢兹-劳特累克是一个旷世奇才"！

他人的目光

《亨利·德·图卢兹-劳特累克肖像》
Portrait d'Henri de Toulouse-Lautrec
马克西姆·德托马斯，现收藏于法国阿尔比图卢兹-劳特累克博物馆

《亨利·德·图卢兹-劳特累克肖像》
Portrait d'Henri de Toulouse-Lautrec
查尔斯·拉瓦尔，现收藏于法国阿尔比图卢兹-劳特累克博物馆

  同是酒吧常客的作家保罗·让·图勒（他最爱的便是韦伯酒吧）对图卢兹-劳特累克的描述十分简短，语气哪怕不算轻蔑，至少也是冷漠的。图勒说："图卢兹-劳特累克就像是劣质的伪造品，他的腿太短了。他讲话的方式充满仇恨，话里穿插的那个'嗯哼'听起来既怨恨又粗俗。"

  印象派画家让-路易·弗朗也不怎么欣赏图卢兹-劳特累克。他别有用心地将图卢兹-劳特累克歌颂为"善用色彩的肖像画家"，仿佛话里有话。弗朗还在自传中将图卢兹-劳特累克称为"拉·古留的肖像画家"，并写道："他是我画室的邻居。在我这间画室旁边有一间马厩，里面养着一匹膝外翻的母马。图卢兹-劳特累克总是说：'如果砍掉这匹马的前腿，它便会成为全巴黎最漂亮的马。'有时，图卢兹-劳特累克会骑着这匹马去森林，走在马道的边缘，掏出一个银色的酒杯，从弯下腿的母马身上接奶来喝。总地来说，图卢兹-劳特累克是一个怪人。他本人是一个淫荡的丑八怪，留着黑胡子，嘴唇很厚。他走路时会拄着一把橡胶尖的木拐杖。"

劳特累克的故事

《戴西雷·迪豪》
Désiré Dihau
现收藏于法国阿尔比图卢兹-劳特累克博物馆

图卢兹-劳特累克曾在书信中坦诚，他很希望能与音乐家戴西雷·迪豪会面："我希望能吸引到他，让他带我进入艺术和文学的殿堂。"戴西雷是德加的朋友、著名的音乐家，也是一位狂热的艺术爱好者。也是在戴西雷家中，图卢兹-劳特累克遇到了自己的偶像德加。图卢兹-劳特累克为好友戴西雷创作了多幅肖像，体现了戴西雷的复杂个性和过人才华。诚然，戴西雷在歌剧交响乐团的官方演出展露了迷人的风采，但图卢兹-劳特累克更喜欢在画中凸显戴西雷作曲家的风范。在这幅画中，图卢兹-劳特累克添加了丰富的植物元素，画出了人物归隐田园、淡泊闲适的一面，营造出了生动清新、春意盎然的氛围。

花园中的肖像

Portraits dans un jardin

I

图卢兹-劳特累克在蒙马特地区的娱乐场所里找到了属于他的艺术天地。他喜欢记录舞厅里的氛围及不同人物的神情，尤其是表演者的动作达到高潮的瞬间。此处的动作主要是指舞蹈——舞蹈，这一肢体的自由表达，这一竭尽舞者全身之力的艺术。

图卢兹-劳特累克为朋友（包括罗曼·库鲁斯、特里斯坦·贝尔纳、保罗·勒克莱尔克、乔治·亨利·曼努埃尔、亨利·布尔热医生、摄影师瑟索、莫里斯·富卡德、弗朗索瓦·戈兹、小提琴家丹克拉、马克西姆·德托马斯、音乐家戴西雷·迪豪等）画的肖像，大多都达到了与环境融为一体的效果。图卢兹-劳特累克常会让模特待在他们熟悉的环境中，如进门的拐角、剧院的幕后、画室的角落……图卢兹-劳特累克为德加，以及作家兼艺术收藏家鲁多维奇·阿莱维所画的肖像都很好地体现了这一点。

芳特累克的故事

图卢兹-劳特累克在花园里作画的老照片
Toulouse-Lautrec peignant dans un jardin. Photographie ancienne

图卢兹-劳特累克买下"森林老爹"的花园之后,便邀请朋友们前来,他将这里变成了一个户外工作坊。从严格意义上来说,图卢兹-劳特累克不算是印象派的拥护者,毕竟他是一个夜夜笙歌、寻欢作乐的浪荡子,不过他还是尝试在自然中捕捉各种不同的光影效果,并且取得相当不错的成果。

虽然不多,但是图卢兹-劳特累克也在繁花似锦的花园中为一些女性画过肖像。他看待自然的眼光还是像个城里人,而且地址通常选在同一处花园——朋友"森林老爹"的花园。这座花园与图卢兹-劳特累克的画室坐落在同一条街上,后曾被改造为著名的赛马场及戈蒙电影院,如今成了酒店和购物中心。在"森林老爹"花园里遇见过图卢兹-劳特累克的古斯塔夫·科奎奥[20]回忆道:"这座花园已经重新变成一片荒野了,置身其中很容易以为自己身在远离巴黎的荆棘丛或灌木丛中。"

不久后,图卢兹-劳特累克从"森林老爹"那接手了花园,成了花园的新主人。夏天来临之后,他就在此定居。来自克里希大道或白广场的女孩儿会来花园找画家,为他做模特。短短两三年间(1889年—1891年),图卢兹-劳特累克在花园里创作了大量的肖像作品,如《戴手套的女人》《坐在"森林老爹"花园里的红发女人》《女人的半身像》《对面坐着的撑伞的女人》《遛狗的女人》《戴着黑帽子的女人》《花园里的女人》《塞莱兰的加布里埃尔·塔皮埃》《舞女》《霍诺琳·普拉扎小姐》《贾斯汀·迪尔》……其中有些作品的人物原型无从考证。

花园中的肖像

20 译者按：古斯塔夫·科奎奥（Gustave Coquiot，1865年9月24日—1926年6月6日），法国艺术评论家、作家，也是艺术收藏家。

劳特累克的故事

《贾斯汀·迪尔》
Justine Dieuhl
现收藏于法国巴黎奥赛美术馆

> 这幅画与凡·高的肖像（如《唐吉[21]的画像》）风格相似，由短促、快速的笔触绘制而成，画面充满活力、生动热烈。图卢兹-劳特累克呈现了一个如同珠宝盒般的植物世界，他将人物放到前景的中央，通过色彩的对比和略显奢华的头饰来凸显人物。与凡·高一样，图卢兹-劳特累克将人物略显僵硬的姿态和热烈的画面融为一体。

　　不过，图卢兹-劳特累克只是把花园作为简单的装饰背景。虽然他也描绘花园的迷人景致，用生动的影线赋予花园静谧的力量，不过他更注重的是绘画的整体风格，并没有过度刻画植物的细节。

　　通常来说，室内的空间（如舞蹈和哑剧场景）是拼凑起来的，凸显某一视角，在某种程度上损坏了场景的统一性；而室外的自然空间则有一种与生俱来的延展性，能够以人物所处的位置为中心，一直蔓延到画布的边缘，于是人物和自然环境之间建立起了整体统一的关系。自然风光仿佛占据了整个空间，令观众眼里皆是盛开的花卉和怡人的石径。

花园中的肖像

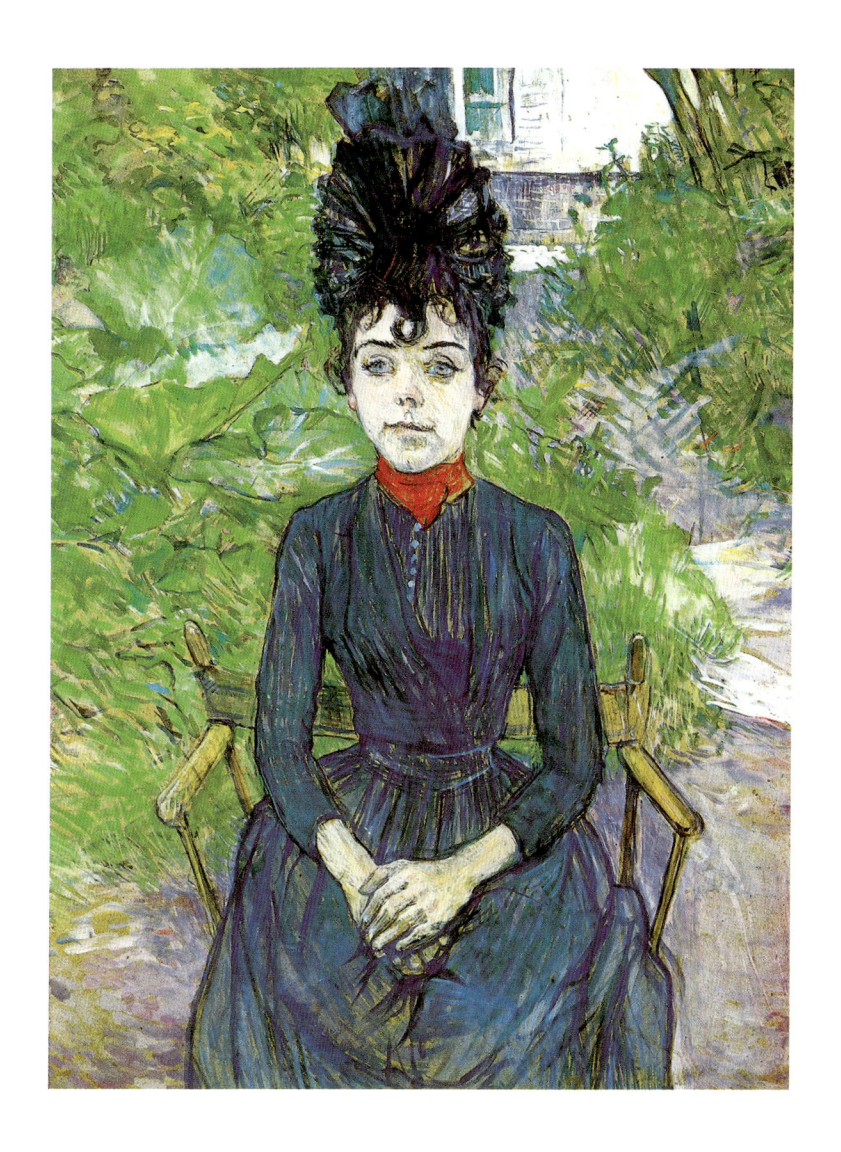

21 译者按：唐吉老爹（Père Tanguy，1825 年 6 月 28 日—1894 年 2 月 6 日），全名朱利安-弗朗索瓦·唐吉（Julien François Tanguy），巴黎艺术经销商。

劳特累克的故事

《骑师》
Le Jockey
私人收藏

在特里斯坦·贝尔纳的鼓动下，图卢兹-劳特累克走进了赛马的世界。图卢兹-劳特累克曾经计划出版一个赛马主题的版画系列，但最后并没有成功，因为他中途患病，不得不前往弗利·圣詹姆斯疗养院住院治疗。不过，该系列还是有四幅版画存留了下来，这幅画便是其中之一。和德加一样，图卢兹-劳特累克沉迷于赛马的世界。这个世界充斥着富人的奢靡，与奔腾的骏马所迸发的力量相互交织，让图卢兹-劳特累克重新领悟到了瞬时摄影的魅力。

运动俱乐部

Sporting-Club

虽然图卢兹-劳特累克无法亲身体会体育运动的魅力，但他并没有逃避，贵族的本性敦促他要用身体去抗争。根据贵族的传统（及精神），贵族必须竭尽全力表现出强悍的征服性，展现自己对身体的控制力。毕竟，贵族的身份源自祖辈的南征北战。可惜，图卢兹-劳特累克的身体限制了他的行动，不过，身体的赢弱非但没有击垮图卢兹-劳特累克，令他退居于文人舒适的书房里（自古以来，书房常常被无力在公众面前展现自我的人作为避难所），反而令他对运动的热爱更加狂热，也令他对爱情更加渴望。受到身体的限制，图卢兹-劳特累克四处碰壁（虽然他想反抗），于是他开始思考如何在力所能及的领域中施展抱负，转而用画笔记录运动。

谈到身体控制，就离不开马戏团。马戏团的舞台是一个充满勇气与挑战的地方。马戏表演不仅追求动作的难度，还对动作进行了戏剧化的处理，创造出了一种别样的美感。马戏团"实现了一切杂技的幻想"，其复杂程度足以与骑术相提并论。因此，图卢兹-劳特累克将他对马（贵族阶级的象征）的热爱迁移到了走钢丝的变装演员身上，将对狩猎的热爱迁移到了骑师的平衡技巧上面。

除了身体控制，图卢兹-劳特累克还对马戏团的氛围情有独钟。这里的氛围有点像酒馆，乐声嘈杂，各式铜管乐器所奏的音乐嘶鸣着、狂吼着，刺激着人的神经。

劳特累克的故事

《布法罗赛车场的特里斯坦·贝尔纳》
Tristan Bernard au vélodrome Buffalo

私人收藏

特里斯坦·贝尔纳（1866年—1947年）的真名是保罗·特里斯坦，他涉足领域广泛，身兼律师、实业家、记者、作家等职业。此外，贝尔纳还不无骄傲地享受着"英勇的骑行时代的体育家"的称号。在图卢兹-劳特累克的这幅画中，贝尔纳笔直地站在赛车场里，目光坚定，散发出领导的魄力。图卢兹-劳特累克和贝尔纳因《白色评论》（贝尔纳是创办者之一）而结缘，两人惺惺相惜，有着独特却又相通的幽默感，都喜欢公正且直接的表达方式。

图卢兹-劳特累克以马戏团为主题，创作了一系列精彩的作品。其中最具代表性的当属《费尔南多马戏团的女骑者》（1887年—1888年，参见第61页）。图卢兹-劳特累克采取了一个非常大胆的视角，创造出一种动感，使原本拥挤的画布迸发出无限的力量，达到了异彩纷呈的效果。骑马的女骑者和挥舞长鞭的男子是一对夫妇，也是图卢兹-劳特累克最钟爱的费尔南多马戏团的灵魂人物。整个画面沉浸在亮片、汗水和马粪所营造的氛围中。女人与马之间的亲密关系流露出浓浓的情色意味。马匹的捆绑既充满动感，又是一种束缚……图卢兹-劳特累克借此表达自己被命运及与生俱来的身份囚禁的痛苦，怀想自己遭遇的困境。同时，他用嘈杂的演出象征自己短暂的欢乐、灿烂的幻想及百无聊赖的空虚，在马戏团这个以身体为主导的世界中，打造出了类似舞厅的狂热气氛。

图卢兹-劳特累克并非唯一的马戏爱好者，当时的许多作家和画家都很爱看马戏表演。埃德蒙·德·龚古尔的《桑加诺兄弟》及左拉的《戏剧的自然主义》都给予了马戏表演极高的评价。德加惊叹于马戏表演的反潜效果，称它预示了后来的电影艺术。而图卢兹-劳特累克则以马戏表演为灵感，透过真实的画面演绎自己的悲剧，反映自己的命运和困扰。

如果将《费尔南多马戏团的女骑者》与修拉的油画《马戏团》（1891年）进行比较，我们会发现一些有趣的差异：图卢兹-劳特累克努力挖掘空间，而修拉则选择了一个正面的视角，对画面进行丰富多彩的装饰；图卢兹-劳特累克竭力表现充满动感的冲动，而修拉则循规蹈矩，严格地遵循"艺术与科学"的法则。

1889年，图卢兹-劳特累克住进弗利·圣詹姆斯疗养院后，再次提起画笔，创作马戏团主题的作品，想以此证明自己仍然是一个擅长驾驭创造力的人。图卢兹-劳特累克的画充盈着一股浓烈的激情，而这种激情又依附于特殊场景中的"变量"，描绘了一个未曾现身的观众眼中的马戏

运动俱乐部

表演。也许他想到了作家西奥多·德·邦维尔在《葬歌》（1857年）中对诗人与表演平衡技巧的马戏演员之间的比较："崇高与毁灭之间，天与地之间。"邦维尔将这种关系比喻为深渊对高处的吸引力。

　　图卢兹-劳特累克喜欢惊险的马戏表演（如空中飞人、走钢丝等）及其表现出来的孤独感。观众的缺席进一步凸显了场景中的寂静，在这种寂静之下，在一个超感觉的空间中，表演者在舞台的中心独自表演。

　　除了马戏表演，图卢兹-劳特累克也十分喜欢赛马。在朋友特里斯坦·贝尔纳的带领之下，图卢兹-劳特累克开始出入赛马场。赛马场是富人的社交场合，女性占主导，因此这又是一场女人和马的交集，但赛马场的气氛与马戏表演截然不同。

劳特累克的故事

《辛普森车队》
La Chaîne Simpson
私人收藏

自行车是一项非常成功的发明，它带领城市的居民走出城市，重新回到大自然的怀抱。不仅如此，人们在骑车时还得以展现往常受到城市生活约束的身体力量。象征主义作家阿尔弗雷德·雅里甚至将自行车作为其科幻小说《超级男性》的主题。在该书中，一名自行车骑手向当时另一个令人惊叹的新发明——火车——发出挑战。

    早在图卢兹-劳特累克感受到赛马的魅力之前，德加便创作过赛马题材的作品。后来，怀着对赛马的热情，图卢兹-劳特累克承接了出版商皮埃尔福尔的委托，创作一系列赛马题材的版画。最终，他只完成了四幅画，分别是《马圈》《越过障碍的骑师》《教练和他的骑师》《廊尚的骑师》。只有最后一幅被印刷出版。《廊尚的骑师》非常具有表现力，体现了骑师与坐骑之间的紧密联系：骑师一方面受到动物的驱使和鼓舞，另一方面又掌控着动物的力量。可以说，这幅画是半人马[22]的现代版。

    1895年7月，罗曼·库鲁斯一起在《费加罗报》上发表了一篇题为《优良的骑师》的短文，由图卢兹-劳特累克配图，作品笔触犀利、生动活泼，充满幽默感。

    同样也是在贝尔纳的带领下，图卢兹-劳特累克打开了赛车的大门。贝尔纳是资深的自行车玩家，在赛车界地位很高，曾被图卢兹-劳特累克画入作品《布法罗赛车场的特里斯坦·贝尔纳》（1895年）。当时，作为新时代的产物，自行车风靡一时，如阿尔弗雷德·雅里就曾春风满面地骑着自行车去塞纳河畔探访友人纳坦逊夫妇。对此，米西亚·纳坦逊在《回忆录》中回忆道："诗人（阿尔弗雷德·雅里）骑着自行车来我家，他身穿汗衫，踩着一双瓦莱特夫人亲手绣制的优雅的薄底浅口鞋，上面系着一条脏得吓人的丝绒带。"

运动俱乐部

  自行车这项新兴运动吸引了各界人士的目光,歌手布鲁昂(在图卢兹-劳特累克的速写中被塑造成了爆发力惊人的形象)、科特琳、乔奥等人都尝试过这项运动。尽管不能亲自骑车,但图卢兹-劳特累克还是创作了许多与自行车有关的作品。他曾为在奥斯曼大道 25 号经营自行车店的友人斯波克绘制了一幅海报,名为《辛普森车队》。这幅海报在体育专家的眼中都堪称极其精准,不过画风依然是机敏而狡黠的。

  实际上,在众多运动中,图卢兹-劳特累克能亲身参与的只有游泳和划船。他总会穿上舒适的衣服(如游艇夫帽及合身的衬衫),在弗罗乔特大道画室里的划船机上认真练习。在法国阿卡雄湾逗留期间,图卢兹-劳特累克也会去游泳和划船,这两项运动可以说是他少数能轻松掌握的项目。

22 译者按:半人马(centaure),亦称人头马、山杜尔族,是希腊神话中一种半人半马的怪物。

劳特累克的故事

《路易十三时代的椅子[23]的卡德利尔舞》
Le Quadrille de la chaise Louis XIII

私人收藏

除了红磨坊,图卢兹-劳特累克还曾受邀为"蒙马特天堂"作画。"蒙马特天堂"是当时的高级娱乐场所,也是蒙马特夜生活的一大亮点,坐落在林荫大道的一侧。在红磨坊尚未依靠奢华的设计吸引来顾客之前,"蒙马特天堂"曾红极一时。"蒙马特天堂"的演出花样百出,不过总体基调都是讥讽和挑衅的。为各家娱乐场所作画的画家是同一拨人,他们同歌舞厅签订合同,帮一家又一家娱乐场所打响名声。面对这个其他画家已经画过的主题,图卢兹-劳特累克显露出了惊人的才华。这幅画既呈现出了大胆奔放的画面,又运用了大众媒体所喜爱的棱角分明的图案。继图卢兹-劳特累克之后,雅克·维庸、胡安·格里斯,甚至早期的马塞尔·杜尚都曾沿用类似的风格,这股风尚一直持续到了第一次世界大战。

订单

Commandes

在19世纪,绘画仿佛就是为了接教堂或王室的订单(都是指定主题的)而存在的,因此不可避免地刻有时代意识的烙印。而画家的才华便在于能突破这些约束,根据指定的主题创造出独具个性的作品,体现自己看待世界的独到眼光。

但并非每个画家都满足于此,尤其是图卢兹-劳特累克。绘画并没有磨平他的棱角,反而使他的个性变得更加尖锐。他不像传统的学院派画家那样,把自己的才华用在追求画技的至臻至善上,而是追求一种艺术与思想的完美契合。图卢兹-劳特累克坚持作画,用作品为自己发声,以放荡不羁的姿态直面这个对他抱着异样目光又从不听他辩解的社会。

当时,有不少艺术家都纠结于自己能否融入正统的艺术圈,甚至会假借故弄玄虚的理论来博取外界的认可。但是,图卢兹-劳特累克(一如高更和凡·高)不屑于这些伎俩,他从不炫耀自己的才华,也不去搭理那些批评他的人。他听从内心的声音,选择自己想要生活的世界及想要绘画的对象。渐渐地,图卢兹-劳特累克受到了人们的认可,被作为一个个体、一名画家接纳了。

23　译者按：据说，这把路易十三时代的椅子是沙利斯在搬家时遗落的，后来被接管的布鲁昂强占，成了"蒙马特天堂"和芦笛歌舞厅的象征。

劳特累克的故事

《红磨坊的舞：拉·古留和无骨瓦伦丁》
La Danse au Moulin Rouge: la Goulue et Valentin le Désossé
现收藏于法国巴黎奥赛美术馆

拉·古留在红磨坊的风头过去之后，为纪念自己曾经的辉煌，她请图卢兹-劳特累克帮忙创作了这幅作品。然而，图卢兹-劳特累克并没有走寻常路，他坚持要将无骨瓦伦丁与拉·古留放在同一幅画中，以更好地凸显双人舞的魅力——对比的效果及动作的美感。为进一步增强场景的美感，图卢兹-劳特累克还在画中加入了戴着高帽子的简·艾薇儿。画面上方悬挂的花灯颇具那个年代的风情，令人心醉神迷。

    公众开始向图卢兹-劳特累克订购作品，如约瑟夫·奥尔勒就订购了《红磨坊的卡德利尔舞》（这幅画后来被挂在了舞厅的入口处）；阿里斯蒂德·布鲁昂和简·艾薇儿也订购过海报；拉·古留在国家广场的棚屋里演出前，也曾邀请图卢兹-劳特累克设计布景……

    诸如此类的私人订单体现了客户对图卢兹-劳特累克画风的喜爱。随着图卢兹-劳特累克的作品受到越来越多人的认可，其作品似乎被赋予了一种集体精神的典型特质。图卢兹-劳特累克开始逐渐认清自己，尝试通过作品将自己的思想传递给观众。在这一深刻联结的背后，他记录了整个时代，在画中呈现了这个时代的缩影。

订单

劳特累克的故事

《阿拉伯舞》（又名《埃及舞女》）
Danse mauresque, ou Les Almées
现收藏于法国巴黎奥赛美术馆

1889 年，为纪念法国大革命 100 周年，第三届世界博览会在巴黎举行，展示了不同国家的文化。公众得以欣赏到多姿多彩的异国情调，如在埃及和摩洛哥展台就有埃及舞女的舞蹈表演。拉·古留从中获取灵感，以自己的方式演绎这种新的舞蹈，令这个原本默默无闻的异国产物风靡了整个巴黎。在这幅画中，图卢兹-劳特累克半是开玩笑，半是为了致敬拉·古留，在围观的人群中加入了摄影师保罗·塞斯考（图卢兹-劳特累克曾为他绘制了一张海报）、香槟酒商莫里斯·吉伯尔、出名的狂欢达人加布里埃尔、剧作家奥斯卡·王尔德（图卢兹-劳特累克曾为他绘制肖像）等人。此外，人群中还站着简·艾薇儿，她头上依然戴着一顶极其夸张的帽子，看上去非常醒目。最后，还有菲利克斯·费内翁，他是多产的作家，也是新印象派运动的密切参与者，后曾对图卢兹-劳特累克的作品进行了鞭辟入里的解读。

从始至终，图卢兹-劳特累克都坚持自我，这种坚持得益于他拥有的双重自由：一方面，他出身贵族，经济宽裕，无须为生计发愁；另一方面，他有着强大的精神世界，不受各种偏见左右。图卢兹-劳特累克过着放浪形骸的生活，虽然常常游走在社会边缘，但此类际遇也激发了他的绘画灵感，促使他在艺术领域更上一层楼。

按照当时的风尚，画家们小有所成后便会积极地投身于出版创作，与知名作家联手，进一步提升自己的声望，画家威莱特、儒勒·谢雷、史坦林及弗朗都是如此。然而，图卢兹-劳特累克却没有这么做，他似乎只有出于朋友情谊或其他机缘巧合才会为文学作品绘制插画。在整个职业生涯中，图卢兹-劳特累克将才华倾注给了无数的画作，但他从不随波逐流，只画自己想要画的对象。

劳特累克的故事

《风轮》
La Roue

现收藏于巴西圣保罗艺术博物馆（其创始人之一是新闻大亨阿西斯·沙托布里昂）

画中的舞姿是当时经典的舞蹈动作之一。在这幅画中，图卢兹-劳特累克将人物置于典型的剧院舞台中，呈现了从幕后看到的场景。我们隐约看见阴影中的观众略带讥讽地向前探身，以锐利的目光评估着舞者的表演。这一主题已经被德加画过无数次了，不过图卢兹-劳特累克的画风更加幽默（甚至是讽刺），画面流露出一种紧张感，或者说是一种意欲控诉和颠覆现实的愤怒之情。

自由美术协会 [24]
La Libre Esthétique

　　法国纳比派的代表人物莫里斯·丹尼斯曾直言不讳地说，绘画离不开极强的装饰性，这也符合独立派画家的主张。但图卢兹-劳特累克却不认同纳比派以新艺术运动、"纠正"艺术发展的名义所做的一切。他认为，艺术是现代的，是基于自然主义发展起来的。

　　不过，图卢兹-劳特累克并非对纳比派无动于衷，他时常会与纳比派的代表画家共同参展。他同时被两股力量撕扯着，一股力量推着他加入新艺术的美学阵营，另一股力量又促使他维护这一代艺术家摈弃的自然主义及其宗旨，即捕捉现实的瞬间。

　　图卢兹-劳特累克尽管曾参与和"20人小组"的论战，后又与自由美术协会有龃龉，但他从未否认这两个群体的艺术成果。虽然他难以真正融入装饰艺术的风潮，但是他的作品恰恰体现了这股风潮的某些特质。对图卢兹-劳特累克而言，装饰是服务于主旨的。固然，装饰性线条常常意味着低层级或用于消遣的艺术，但它有时却是图卢兹-劳特累克用来表达其世界观的手段。

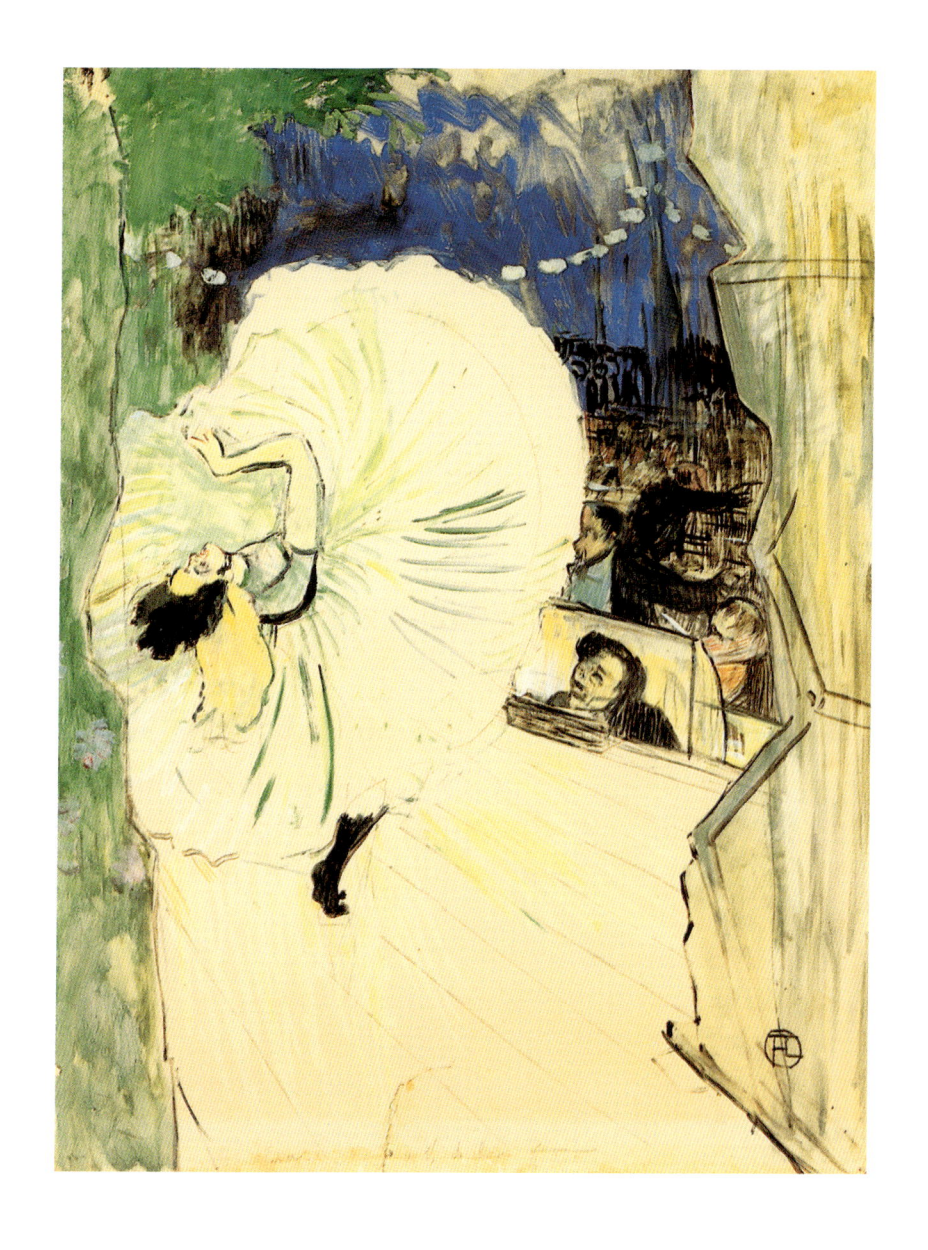

24　译者按：自由美术协会（La Libre Esthétique）是 1893 年在布鲁塞尔成立的一个艺术群体，承接于同年解散的"20 人小组"。

劳特累克的故事

《〈洛伊·富勒小姐〉的习作》
Étude pour Loïe Fuller

现收藏于法国阿尔比图卢兹-劳特累克博物馆

龚古尔兄弟说,这是"一阵织物的飓风,裙子的飞舞,有时笼罩在日落时分的炽热霞光里,有时又闪烁着日出时分苍白的光辉"。图卢兹-劳特累克以令人赞叹的手法呈现了洛伊·富勒这场行云流水般的原创轻纱舞蹈(这也是许多摄影作品力图展现的主题)。图卢兹-劳特累克的这幅习作令人惊艳,不仅捕捉到了瞬时感,还大胆地将舞蹈与火焰联系起来,同时借鉴了著名雕像《萨莫色雷斯胜利女神》的造型(昂头挺胸、展翅欲飞)。后来,图卢兹-劳特累克根据这幅习作创作了版画,利用挥洒的金色颜料进一步强化了画面的动感。特迪·纳坦逊深受此画感染,在一篇佶屈聱牙的散文中写道:"画中的洛伊·富勒与舞蹈的焰光融为一体。飞舞的轻纱和聚光灯的光线无声地迸发出热烈的火光,聚光灯旋转着,变换着颜色……图卢兹-劳特累克的这幅版画不仅画出了真实,更制造了一个幻境。"

在海报创作中,图卢兹-劳特累克常会使用装饰性的线条,并因独树一帜的风格而成名。艺术史学家让-保罗·布永曾评论道:"日式的构图、轮廓的效果、用颜色界定的形状、孤独而强烈的色彩等都表明了图卢兹-劳特累克对新绘画的追求。"

相较于更早从事海报创作的画家,如欧仁·葛拉谢和儒勒·谢雷,图卢兹-劳特累克尽管沿袭了部分传统,但线条明显更为冲动、奔放和大胆。他往往选择直面人物,将人物放在作品的首要位置,利用激烈且充满戏剧性的前景,以及超越了界定和分割明暗功能的线条,来激化感情,塑造人物。过度注重装饰会令一切表现力荡然无存,弱化线条,甚至消除"简洁、必要"的印象。因此,图卢兹-劳特累克决定反其道而行,保留线条的力量,聚焦人物的内在。在图卢兹-劳特累克的笔下,人物身体及衣服的线条(通常被混为一体)柔软灵动、赏心悦目,而人物的面部线条则体现出一种独立的气质,深得漫画传统的精髓。

《洛伊·富勒[25]小姐》是图卢兹-劳特累克的代表作之一。画中的主角是著名舞者洛伊·富勒,她体态轻盈,双手挥舞着轻纱,创造出了一种飘飘欲仙的效果。轻纱裹住了富勒的曼妙身姿,在火焰般的灯光下,她跟随音乐翩翩起舞,宛若一只浸沐在彩虹中竭力舞动的蝴蝶。图卢兹-劳特累克并没有一味地追求写实性,具象地刻画舞者,而是着力于捕捉某个充满动感的瞬间,用一些几乎透明、抽象的形状来表现富勒自由且不失优雅的舞姿,颇有些未来主义的气息。透过同名习作,我们可以看到一种超越现实的动态演绎,这正是图卢兹-劳特累克追逐的方向。

自由美术协会

25　译者按：洛伊·富勒（Loïe Fuller，1862 年 1 月 15 日—1928 年 1 月 1 日），美国女演员和舞蹈家，现代舞的先驱。

《剧院的盛大音乐会》
Les Grands Concerts à l'Opéra
现收藏于法国阿尔比图卢兹-劳特累克博物馆

在这幅画中,图卢兹-劳特累克一如既往地将观众的视线引向一些特别的角落,一方面增强了画面的透视效果,另一方面也升华了人物的动作和姿态。画中的人物达成了一种无言的和谐,真实地再现了音乐会的场景。在描绘人物时,图卢兹-劳特累克保留了轮廓的严谨性,同时也采用了指代的手法,如前景中饰有羽毛、略显突兀的宽檐帽。尽管我们看不见戴帽子的女人的脸,不过可以猜到她一定是一位优雅的女性(很可能是米西亚)。此外,这顶帽子也揭示了画中的地点,那便是剧院,因为歌舞厅或酒吧的客人鲜少会打扮得如此正式。

走近纳比派

Du côté des nabis

皮埃尔·博纳尔、维亚尔、克尔·泽维尔·罗塞尔、菲利克斯·瓦洛东等画家以"纳比派"的名义聚集在一起,他们拥护高更的艺术主张。受到高更的启发,保罗·塞律西埃创作了著名油画《神圣的森林》(1889年),此画运用了平涂的手法,用色大胆,强调装饰性,充盈着大自然的气息。后来,塞律西埃的另一幅作品《爱之森林》流传到隆松学院[26],被他的画家朋友改名为"塔里斯曼",并成了纳比派的里程碑。

这群高举"纳比派"旗帜的画家有着共同的理想和追求,偏爱平涂法及具有高度装饰性的线条。高更从埃米尔·伯纳德的作品中接触到这一理念后便成了纳比派坚定不移的守护者。

在上述几位画家的推崇下,纳比派这一传承了阿旺桥派艺术理念的流派很快派生出不同的分支,如分隔主义[27]和综合主义[28]。分隔主义源自画家对大自然的体悟。纳比派画家大多生活在城市,因此时常会选择街景、室内装饰和人物形象作为绘画题材。他们虽然崇拜高更(他们也崇拜这一代的诗人,包括艺术主张与他们相悖的象征主义诗人马拉美),但这种崇拜并不是毫无保留的,最主要的是,纳比派画家发现高更的绘画原理过于狭隘,而他主张的综合主义也打击了他们的热情。

除了沿袭阿旺桥派的部分理念,纳比派还时刻关注着巴黎的都市生活及艺术动态。纳比派的成员经常会前往印象派的圣地杜兰德-卢埃尔画廊欣赏莫奈、雷诺阿、西斯莱等人的作品。他们还会在唐吉老爹的画具店(位于克劳泽街)聚会,交流各自的艺术理念,增进彼此的艺术修养。

26 译者按：隆松学院由画家保罗·艾利·隆松于 1908 年创建于巴黎，许多纳比派画家曾在此执教。

27 译者按：分隔主义是 19 世纪末后印象派的绘画风格之一，使用轮廓明显、扁平的构图方式，以黑色线条描边。

28 译者按：综合主义，类似象征主义的 19 世纪后印象派美术主张。

劳特累克的故事

唐吉老爹不是专业的画廊老板，而是一位颜料商人，主要销售一种全新的革命性产品——管装颜料，并因此与各家供应商和顾客之间建立起了密切的关系，走进了艺术的世界。每当身边的画家陷入经济困境时，唐吉总会在第一时间伸出援助之手。他对艺术有着独到的看法，与凡·高和塞尚识于微时，这两位画家后来在艺术界掀起了天翻地覆的革命。

　　如果说点彩派是从印象派衍生出来的产物（尽管它也挑战了后者的理念），那么纳比派则是印象派这一多元的艺术流派的擦边球。随着纳比派画家对《白色评论》及名家剧院的关注和投入，纳比派与印象派渐行渐远。

　　纳比派画家大多来自城市，经常会参与舞台布景设计及出版物的插画创作，希望能以此让更多人了解纳比派的艺术理念。《白色评论》在视觉艺术的发展和演变历程中扮演了催化剂的角色，而舞台布景则将纳比派画家与文学界联系在了一起。

　　图卢兹-劳特累克也常会参加舞台的布景设计，因此与很多纳比派画家相熟。尽管对纳比派及其美学理念从不多加吹捧，但实际上，图卢兹-劳特累克与该流派的美学思想十分相似，并且都十分欣赏日本艺术。与阿旺桥派相比，纳比派对日本艺术进行了更深入的观察。

　　纳比派的作品（尤其是博纳尔的画作）一度有着倾斜的构图、骤然的转变、错位视角、干净利落的线条、大胆的图案……这一切都不禁让人联想到图卢兹-劳特累克创作的海报，简洁又充满动感，在凸显人物特质的同时又不会拘泥于细节。更加难能可贵的是，图卢兹-劳特累克总会在画中无拘无束地表达自己的所思所感。

走近纳比派

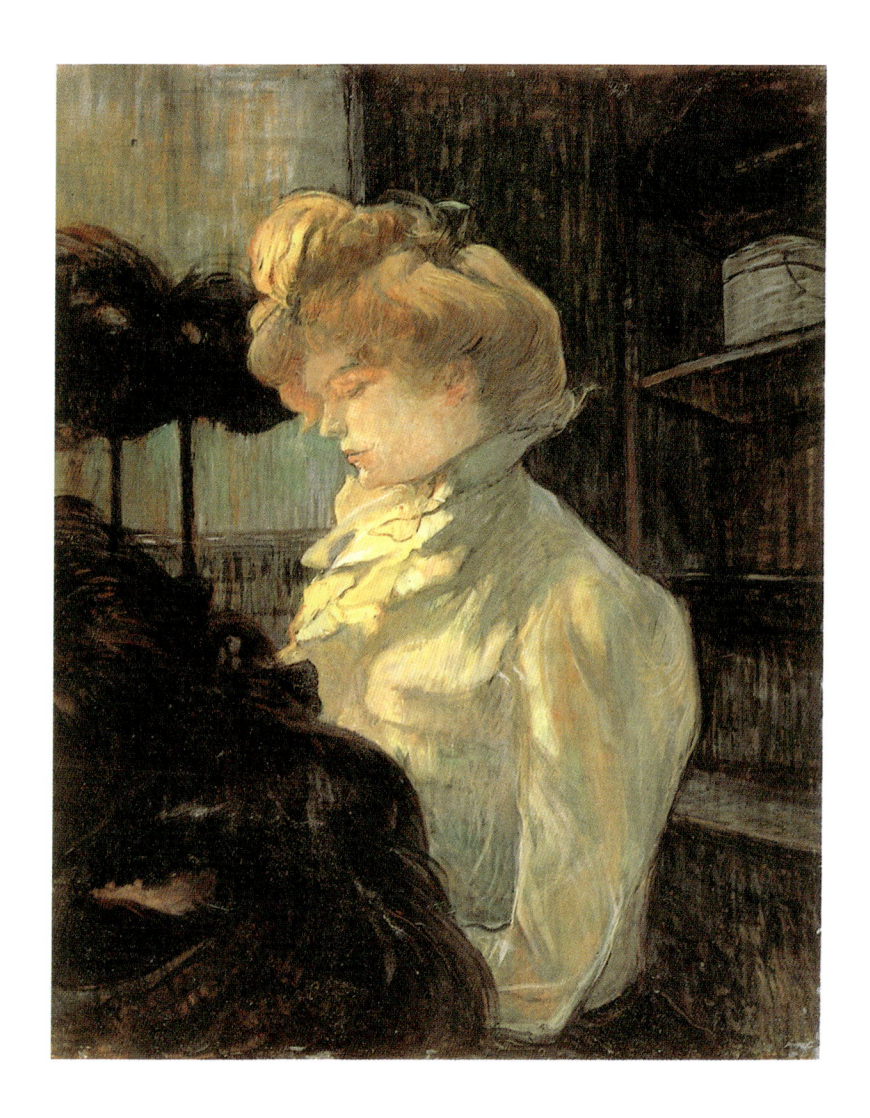

《制帽女工》
La Modiste

现收藏于法国阿尔比图卢兹-劳特累克博物馆

制帽女工在服饰业扮演着非常重要的角色。在巴黎，有超过两千人从事女帽行业。马奈、德加、史坦林、拉斐尔及瓦洛东等画家都很喜欢这个绘画主题，这类主题将女性置于一个创造美的行业，充分体现了女性的特质。德加热衷于描绘巴黎的工人阶级（洗衣工、熨烫工等），甚至曾在习作中将朋友玛丽·卡萨特塑造成了一名制帽女工，并画下了她挑选发型的场景；而图卢兹-劳特累克则对女帽工本人更感兴趣。保罗·勒克莱尔克曾说："图卢兹-劳特累克总是以温柔的目光探寻每个人的个性。"画中的制帽女工有着一头漂亮的红发、容貌秀美，罕见地流露出图卢兹-劳特累克对女性的爱慕之情。

《日本沙发咖啡馆》
Le Divan japonais
私人收藏

顾名思义，日本沙发咖啡馆采用日本的装饰风格，因此图卢兹-劳特累克绘制海报也体现了日式风格。当时，日本主义已经渗透到了法国的方方面面，尤其是绘画及设计领域。在这幅画中，图卢兹-劳特累克用传奇般的黑手套来指代伊薇特·吉尔伯特，右侧则画上了正在化妆室观看演出的简·艾薇儿和爱德华·杜贾尔丁。杜贾尔丁是彼时文艺界的风云人物，也是马拉美的好友，他把德国作曲家及剧作家威廉·理查德·瓦格纳的作品引入巴黎，并创办了著名的《瓦格纳杂志》。该杂志倡导"简约、去装饰化的新艺术风格"。

龚古尔兄弟掀起的日本主义风潮

Le japonisme depuis Goncourt

龚古尔兄弟曾在史诗巨著《日记》中记录了 1861 年 6 月 8 日在薇薇安街 36 号收购日本版画的场景。除了龚古尔兄弟，其他作家也曾在作品中谈及日本艺术，自此巴黎掀起了一股日本主义的风尚，进而席卷了整个艺术界。

据狄多·波汀记载，当时巴黎专门出售东方艺术品的商店还有圣马克街 20 号的天堂帝国及薇薇安街 55 号天朝帝国。1862 年，德索伊在里沃利街 220 号开了一家新的东方艺术品商店，名为"中国门"，吸引了大批艺术家光顾，如波德莱尔就对店中的日式版画（纸面或布面）爱不释手，更是频频惊叹其"美不胜收"。

同一时期，德国收藏家海因里希·冯·西博尔德在日本收藏了一批日本艺术品，后返回欧洲举办展览，这场展览进一步点燃了欧洲艺术界对日本艺术的热情。

劳特累克的故事

《〈简·艾薇儿〉的习作》
Étude pour Jane Avril
私人收藏

这幅画是图卢兹-劳特累克为一幅海报所绘的习作,其创作灵感源自艾薇儿的一张照片。画中艾薇儿以坦率的眼光直视观众,一条腿高高抬起。图卢兹-劳特累克在此画中表达了自己对艾薇儿的倾慕之情,同时展现了艾薇儿被亚瑟·西蒙斯称为"堕落的童贞"的一面。

此外,19世纪末,欧洲还诞生了几家专门展出日本艺术乃至东方艺术的博物馆,其中较为出名的是赛努奇博物馆及吉美博物馆。1871年,银行家兼收藏家亨利·赛努奇开始了自己的全球之旅,沿途搜集了大量的东方艺术品。与1896年,亨利·赛努奇将自己多年来的藏品捐赠给了巴黎国立博物馆。1898年,巴黎国立博物馆将这些藏品转移至赛努奇的故居,创办了赛努奇博物馆。而另一位收藏家埃米尔·吉美则于1876年与画家费利克斯·勒加美一同造访了日本,收购了大量的艺术品,返回法国后分别在里昂(1879年)及巴黎(1889年)开办了以自己名字命名的博物馆。

德裔的法国艺术品经纪人萨缪尔·谢格弗里德·宾创办的艺术经销行(起初在设夏街19号,后来搬到普罗旺斯街)进一步推动了亚洲艺术品贸易的发展。该艺术经销行也成了当时日本艺术爱好者的聚集地。

1887年,航海家朱利安·维奥在探寻遥远的东方世界后,根据自己的旅行经历,以皮埃尔·洛蒂为笔名创作了一部长篇日记体小说《菊子夫人》,讲述了一个法国海军军官随船来到日本与一个日本女子结婚的故事,让更多西方人认识到了日本。

到了19世纪90年代,各界人士在巴黎轮番举行日本艺术品拍卖活动(包括1891年尚弗勒里[29]、1894年安东尼·普鲁斯特[30]、1894年乔治·克里孟梭[31]……),可见日本文化在法国的影响力。

龚古尔兄弟掀起的日本主义风潮

29 译者按:尚弗勒里(Champfleury,1821年9月10日—1889年12月6日),法国艺术评论家和小说家。

30 译者按:安东尼·普鲁斯特(Antonin Proust,1832年3月15日—1905年3月20日),法国政治家、《白色评论》的记者。

31 译者按:乔治·克里孟梭(Georges Clemenceau,1841年9月28日—1929年11月24日),法国政治家,曾两次出任法国总理(时称部长会议主席),人称"法兰西之虎"或"胜利之父"。

劳特累克的故事

《跳舞的简·艾薇儿》
Jane Avril dansant
现收藏于法国巴黎奥赛美术馆

简·艾薇儿是当时马戏表演的一大亮点。保罗·勒克莱尔克曾说:"在熙熙攘攘的人群中,艾薇儿在舞动旋转。她是如此的优美、轻盈、忘我、苍白、瘦弱、率真……她不停地旋转着,仿佛没有重量,散发着青春的魅力。图卢兹-劳特累克毫不掩饰自己对艾薇儿的喜爱。"在这幅画中,图卢兹-劳特累克一如既往地采用坚定、简约的线条进行描绘,后期他甚至发展到只呈现人物极度简化的轮廓的程度。透过图卢兹-劳特累克的作品,我们可以看到后辈弗朗西斯·培根[32]的影子——他画出了万物与人之间"形而上学"的边界。

图卢兹-劳特累克也不可避免地受到日本主义的影响,毫不夸张地说,其作品仿佛诞生于日本艺术之中,无论是他的构图、笔触,还是他笔下高雅灵动的画面。图卢兹-劳特累克凭借记忆快速绘成了充满动感的画面,表现出了强烈的运动、扭曲、紧张、错位、抽搐等一切作用于人物身体的力量。画中的曲线"不那么正经"却具有极强的表现力。

图卢兹-劳特累克从多样的日本浮世绘及戏剧中体会到了滑稽艺术的魅力,借鉴这类艺术形式通过各种怪相鬼脸来表现强烈的人物个性及情感的手法,并将其融入自己的作品中。甚至于,图卢兹-劳特累克笔下人物的衣着,如宽檐帽、下翻领、蓬松的袖子、长手套、鸵鸟毛等,都体现了日本文化对他不可磨灭的影响。

此外,为了使作品的画风更加简洁(很大程度上是来源于日本文化的熏陶),图卢兹-劳特累克笔下的人物常会采取背向观众的姿势:"相似的颈和背、讲究的发型都清楚地呈现出了一种虚无。"而这正是日本浮世绘及其由斜线构成的失衡空间的精髓所在。在图卢兹-劳特累克的作品中,"色彩不再追求任何描述性的目的",他通过自己独有的创作方式来描绘现实世界。

龚古尔兄弟掀起的日本主义风潮

32 译者按：弗朗西斯·培根（Francis Bacon，1909年10月28日—1992年4月28日）是一位生于爱尔兰的英国画家，为同名英国哲学家的后代。其作品以粗犷、犀利、具强烈暴力与噩梦般的图像著称。

劳特累克的故事

《白色评论》的海报
Affiche pour La Revue Blanche

私人收藏

海报中的女子是米西亚·纳坦逊，《白色评论》的创始人之一特迪·纳坦逊的妻子。特迪·纳坦逊是波兰裔银行家，资金雄厚，1891年他与两个亲兄弟共同创办了权威杂志《白色评论》。这幅海报创作于杂志的黄金时代。画中的米西亚可以说是《白色评论》的象征和缪斯，她学识渊博、个人魅力突出，擅于在文人雅士之间周旋，于是米西亚成了当时的风云人物，受到了诸多画家及文学家的追捧。1894年，皮埃尔·博纳尔也曾应邀创作了一版同一主题的海报。纵观图卢兹-劳特累克和博纳尔的作品，两人的契合度非常高，这也隐约体现了图卢兹-劳特累克与纳比派之间的某种默契。不过，图卢兹-劳特累克与纳比派的追求还是有所不同的，因此他并没有真正地加入纳比派，而是与其保持着一种若即若离的状态。

《白色评论》

La Revue Blanche

朱利安·本达在纪念《白色评论》停刊（1903年4月15日）时，用了一句墓志铭般简明扼要的话："存在，就是要与众不同。"这句话总结了《白色评论》的发展历程：1889年，《白色评论》创刊，并很快以不可阻挡的势头崛起；1891年，刊物在特迪的引领下实现了真正的腾飞，成了当时独一无二的刊物。《白色评论》没有成为某一股思想流派的宣传单，而是融汇了来自各个地域及文化领域的多股思潮。这本刊物并没有通过否定个性、追求同化来达成所谓的凝聚力，而是依靠一种神奇的"炼金术"提炼了各文化之间的联系，让各种文化和谐共处，引领了一个时代的风潮（20世纪初著名刊物《新法兰西评论》的主办者之一正是《白色评论》的忠实合作者安德烈·纪德[33]）。

《白色评论》

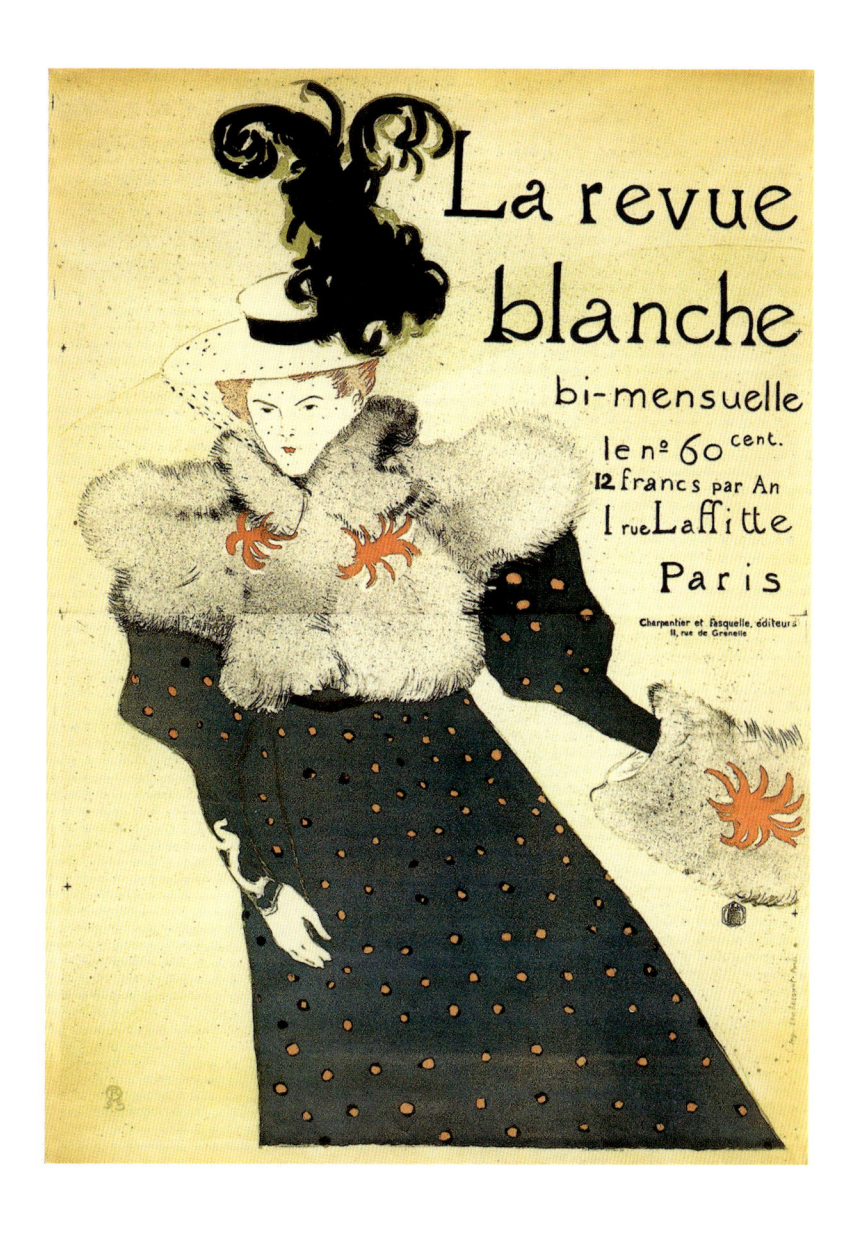

33　译者按：安德烈·纪德（André Gide，1869 年 11 月 22 日—1951 年 2 月 19 日），法国作家，1947 年诺贝尔文学奖得主。纪德的早期文学带有象征主义色彩，直到两次世界大战的战间期，逐渐发展成反帝国主义思想。

《白色评论》海报的习作
Étude pour l'affiche de La Revue Blanche
现收藏于法国阿尔比图卢兹-劳特累克博物馆

这幅习作塑造了一个优雅的米西亚,她"戴着一顶饰有鸵鸟毛的帽子,穿着一条斑点长袍,披着一件皮草披风,套着一对手袖。《白色评论》黄金时期的所有活动上几乎都会出现米西亚的身影"。习作中的米西亚身体微微前倾,尽显修长的身形及迷人的体态。

  《白色评论》于1891年在殉道者街诞生,成了继红磨坊、黑猫咖啡馆之后,图卢兹-劳特累克人生的另一个重要标志,也为他的作品注入了新的色彩。

  除了图卢兹-劳特累克,《白色评论》也赢得了那个时代最犀利大胆的作家的青睐,包括夏尔·贝玑、特里斯坦·贝尔纳、莱昂·布鲁姆、阿尔弗雷德·雅里、罗曼·库鲁斯、保罗·瓦莱里、马拉美、菲利克斯·费内翁、奥克塔夫·米尔博、亨利·德·雷涅等人。卢涅·波耶及其创办的名家剧院也曾与《白色评论》合作。

  后来,纳比派也加入了《白色评论》的阵营,将它作为对外宣传的窗口。两者的关系日益紧密,从1894年开始,几乎每期《白色评论》都会刊登纳比派画家的作品,从爱德华·维亚尔、菲利克斯·瓦洛东、克尔·泽维尔·罗塞尔到莫里斯·丹尼斯都曾为刊物提供插画。

《白色评论》

劳特累克的故事

《摄影爱好者》
Le Photographe amateur
现收藏于法国巴黎国家图书馆

从图卢兹-劳特累克年轻时的作品看来，他似乎对具有指示性的细节非常敏感，换言之，他拥有一种与生俱来的讽刺精神。与特里斯坦·贝尔纳就《白色评论》增刊（即《尼伯报》）展开的合作进一步开发了图卢兹-劳特累克在讽刺画方面的潜力。其插画并不会过于尖酸刻薄，反而有一种信手拈来的嘲讽意味，令人眼前一亮。此处展示的插画描绘了一名摄影爱好者的身影，不禁让我们想起图卢兹-劳特累克也是摄影的狂热爱好者。毫无疑问，摄影影响了图卢兹-劳特累克的艺术作品，教会他一些取景的技巧。

当然，图卢兹-劳特累克也不例外，他为《白色评论》创作的最具代表性的作品当属后来流传千古的米西亚画像海报。在图卢兹-劳特累克的倡议下，《白色评论》还出版了增刊《尼伯报》[34]，共三期：第一期由特里斯坦·贝尔纳和图卢兹-劳特累克联手打造，第二期由儒勒·列那尔[35]和瓦洛东合作完成，第三期则由罗曼·库鲁斯和博纳尔主导。图卢兹-劳特累克与《白色评论》的关系并没有像纳比派那么亲密，但他与纳坦逊夫妇惺惺相惜，建立起了深厚的友谊。米西亚·纳坦逊是《白色评论》艺术圈子中的缪斯，她本人也曾多次出现在图卢兹-劳特累克的作品中：无论是在马戏团的观众席上，还是在上流社会的聚会中；无论是在《剧院里的特迪·纳坦逊夫人》中以背影出现，还是在《剧院的盛大音乐会》（参见第 119 页）中戴着饰有羽毛的宽檐帽现身⋯⋯

34 译者按：《尼伯报》共出版了三期，分别是 1895 年 1 月、2 月和 4 月。"尼伯"在俗语中表示"什么也没有、哪里也不是"。

35 译者按：儒勒·列那尔（Jules Renard，1864 年 2 月 22 日—1910 年 5 月 22 日），法国小说家、散文家。

劳特累克的故事

《大后台》
La Grande Loge
私人收藏

图卢兹-劳特累克后来以该画为原型创作了一幅石版画。在这幅画中，图卢兹-劳特累克再次回归了他情有独钟的剧院主题。通过服饰及相貌，我们可以辨识出画中人分别是罗斯柴尔德家族的车夫、舞女埃米莉安娜·达隆松及金龟酒馆（皮加勒街73号，图卢兹-劳特累克常去的酒馆之一）的老板阿曼德夫人。图卢兹-劳特累克并非唯一偏爱剧院主题的画家，雷诺阿、玛丽·卡萨特等印象派画家都描绘过剧院的后台。玛丽·卡萨特一方面把资产阶级作为观察对象，一方面又对他们表现出殷勤的态度。

参与《愚比王》

Autour d'Ubu

图卢兹-劳特累克虽不是纳比派的成员，但常会参与纳比派的活动，特别是戏剧创作，他还与名家剧院的创办者卢涅·波耶交往甚密。1896年12月10日，现代戏剧怪才阿尔弗雷德·雅里的作品《愚比王》在名家剧院上演。根据剧院给出的信息，"保罗·西埃、阿尔弗雷德·雅里及卢涅·波耶合作设计了该剧的舞台布景、面具、服饰等细节"。后来，卢涅·波耶在他自己的回忆录中补充道，博纳尔也参加了该剧的制作，此外还有"维亚尔、图卢兹-劳特累克和隆松辅助"。

演出开始前，雅里本人走上舞台，以他一贯诡谲怪异的风格作了一段介绍，其间夹杂着许多古旧的用词，这体现了他对荒诞派的崇拜以及对无厘头的联想的喜好（这也是后来超现实主义的特色）。在谈到舞台布景时，雅里说："我们的装饰非常精妙，想要让一件作品永垂不朽，舞台布景并不算难……"这部剧的舞台场景"设定在室内，房间尽头有一个壁炉，壁炉两侧是两棵树。我们之前就知道，两棵树一定要分开，这样演员才能从下面通过。随着剧情的推进，会有标牌指定动作发生的地点"。

劳特累克的故事

骑自行车的阿尔弗雷德·雅里的老照片
Alfred Jarry à bicyclette

这张照片捕捉到了阿尔弗雷德·雅里在科尔比尔骑自行车闲逛的场景。为了与友人《法国信使》的主编阿尔弗雷德·瓦莱特[36]做邻居,雅里在科尔比尔附近寻了个住处,实际上就是河边一个破旧的小房间,一点也比不上他在巴黎卡塞特街的房子舒服。此外,创办《白色评论》的纳坦逊一家住得也不远,就在瓦尔文附近。雅里因为创作了《愚比王》而一鸣惊人,成了当时无人不知的人物。雅里是一个绝对的无政府主义者,认为"个人"是神圣的。因此在《愚比王》中,他塑造了一个暴虐无情的掌权者形象,揭露了贪婪、愚蠢、残忍的资产阶级的丑恶面孔,对人类的愚蠢和权势进行了无情的讥讽。和雅里一样,图卢兹-劳特累克也在以冷酷的目光审视着人类的愚蠢无知。不同的是,图卢兹—劳特累克用画作发声,而雅里则用文字嬉笑怒骂。

尽管图卢兹-劳特累克参与了《愚比王》的设计工作,但并非因为他喜爱这部剧的内容,主要还是出于他与作者雅里的友谊。不过,这次合作还是给图卢兹-劳特累克带来了一些启发,尤其是剧中的讽刺精神,以及雅里身上被荒诞掩饰的暴力。

《愚比王》一经演出,便因其荒诞的内容引发了社会的热议,掀起了轩然大波。多年后,法国剧作家兼评论家亨利·盖翁将《愚比王》与自己所处的时代背景相结合,强调它是"一部纯粹的、综合的戏剧,将公开守旧推到了风口浪尖,在现实世界的边缘揭露了一个意有所指的真相"。

《愚比王》让观众仿佛置身于娱乐场所的表演之中,见证了最初的亵渎精神。对此,画家弗朗西斯·约尔丹评论道:"这种亵渎越是意外,这种笑就越是让人不可抗拒。笑是一种亵渎的方式,亵渎了我们的智慧、直觉及教养告诉我们的最为重要的东西,包括尊重常识和理性、纯真和青春、经历和衰老、美貌与爱情、人、真理,还有逻辑。"

36 译者按:阿尔弗雷德·瓦莱特(Alfred Vallette,1858 年 7 月 31 日—1935 年 9 月 28 日),法国作家,创办并主编了象征主义出版物《法国信使》。

劳特累克的故事

《塞莱兰的加布里埃尔·塔皮埃》
Gabriel Tapié de Celeyran
现收藏于法国阿尔比图卢兹-劳特累克博物馆

图卢兹-劳特累克常会与表兄弟加布里埃尔·塔皮埃相约一同去看戏。和德加一样,图卢兹-劳特累克喜欢在剧院的幕后画画,从不同寻常的角度呈现舞台的布景及各个通道。在这幅画中,图卢兹-劳特累克便描绘了戏剧爱好者加布里埃尔在幕间休息时优雅又不修边幅的模样。画中竖起的墙壁及大门构成了一个"复杂的几何空间",创造出了别具一格的画面效果。

  雅里用激烈的语言开辟了荒诞的艺术风格,而图卢兹-劳特累克则坚持对现实进行严格的审视,然后诉诸画笔。两人的合作迸发出了不一样的火花。《愚比王》无论是在内容上,还是形式上,都打破了传统喜剧的观念,剧中充斥着各种浓烈的情绪,有感动,有绝望,也有狂喜,揭露了一些为他人所忌讳的真相。《愚比王》开场白的那句"混蛋"(merdre)充满了挑衅的意味(尽管也造成了该剧第二场被禁演),而图卢兹-劳特累克的设计则一针见血地呈现出了从人物的身体中夺走了灵魂的悸动,不禁让人联想到绝望的贾科梅蒂拼命探寻身体、直到令身体消失的那种坚韧,以及培根独自感受疼痛的模样。在《愚比王》中,鬼脸和鲜血就像是装饰的勋章。这是一幅破裂、界定却又破坏它所呈现的内容的作品。

参与《愚比王》

劳特累克的故事

《金钱》
L'Argent
私人收藏

这是图卢兹-劳特累克为戏剧《金钱》绘制的宣传海报。该剧于 1895 年 5 月在自由剧院上演的,由埃米尔·法布尔负责、安托万亲自演出,讲述了一对夫妻的生活因一份遗嘱而彻底改变的故事,从情爱、夫妻关系和金钱等方面对小资产阶级进行了批判。然而,图卢兹-劳特累克的海报丝毫没有故事本身的沉重感,他仅仅描绘了夫妻结束进餐离席时的场景,用轻快简略的手法勾画出了杯盘狼藉的餐桌,以及夫妻二人的背影,展现出了日式海报的风格。

台前幕后

Scènes et coulisses

图卢兹-劳特累克对剧院的痴迷是出于他的好奇心。和他举止乖张的父亲一样,图卢兹-劳特累克经常出入蒙马特地区的高级娱乐场所及赛马场,私人生活中充斥着成群的表演者和狂欢者……这一切都使图卢兹-劳特累克更加容易沉浸于剧院的迷人魅力中。不过,令图卢兹-劳特累克心驰神往的,不是剧院中程式化的演出,而是剧院中舒适惬意的氛围、红色的天鹅绒、琳琅满目的装饰、错综复杂的走道、铺着软垫的休息室,还有光线阴暗的大厅。

在剧院里,人们(无论是演员还是观众)为了表演而盛装打扮,来回走动,散发出特殊的魅力,这种魅力令图卢兹-劳特累克着迷。这是一场奢靡的仪式,华灯璀璨,人们交换着眼神,开着隐晦的玩笑。这里有双筒望远镜、帷幔、哐哐作响的门、极富色情意味的圆形休息室以及剧院包厢[37],到处充斥着纸醉金迷的气息。

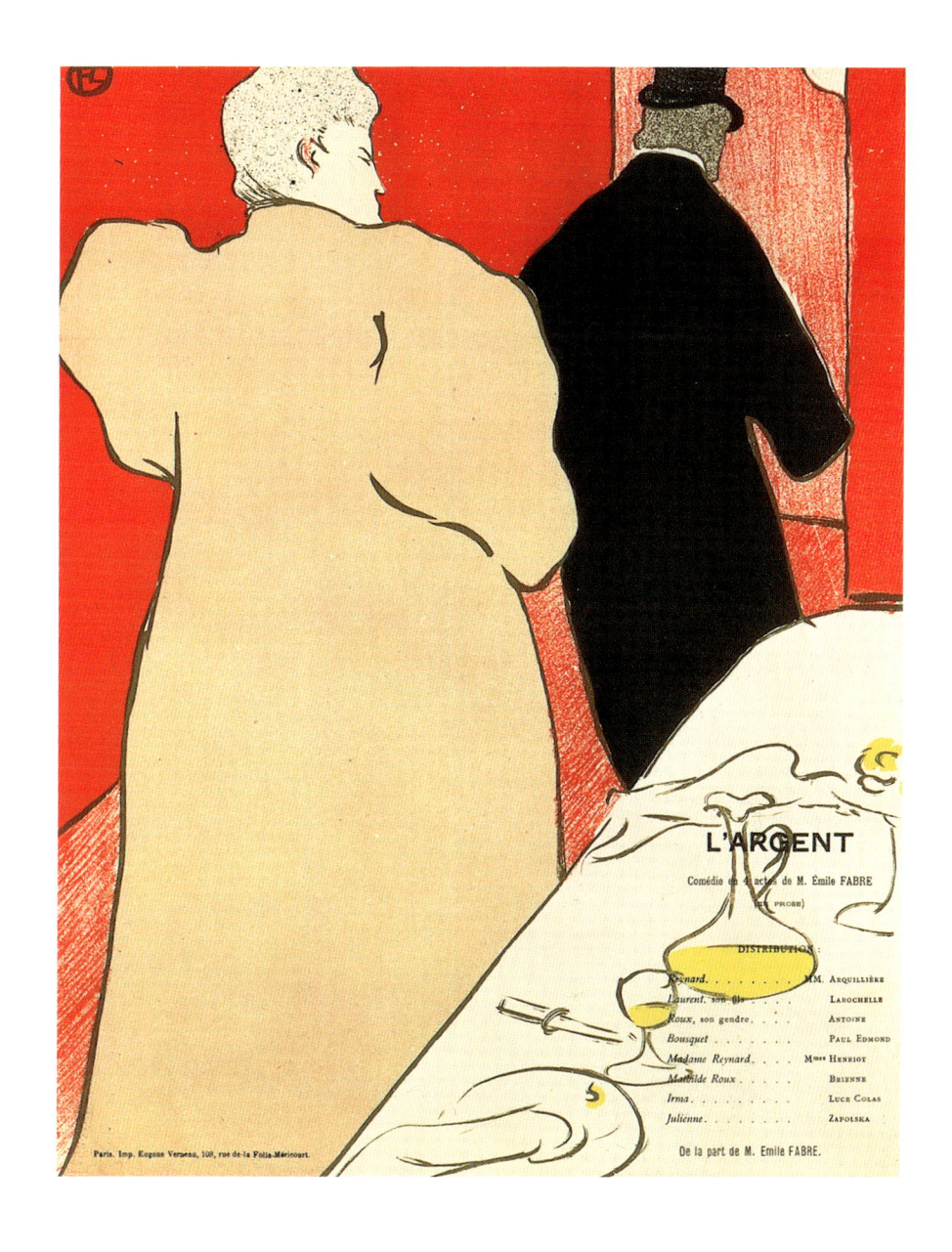

37 译者按：双关语，法语"baignoire"，除了剧院包厢，也有"浴缸"的意思。

劳特累克的故事

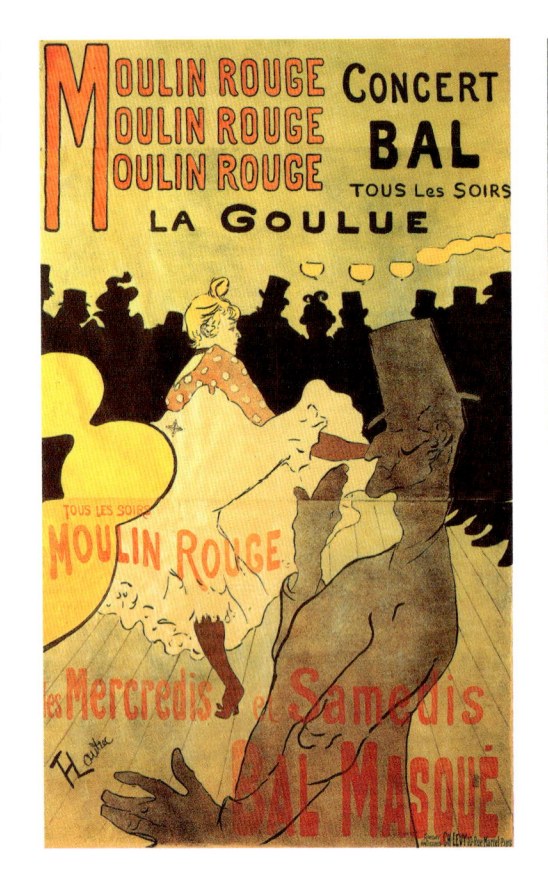

《红磨坊》
Moulin Rouge
私人收藏

无论描绘的是高档的剧院还是底层的歌舞厅，图卢兹-劳特累克的海报永远是如此的"言简意赅"，他总能用寥寥几笔画出表演的精髓。这幅画是图卢兹-劳特累克为红磨坊创作的海报，画中描绘了当红明星拉·古留的最具特色的舞蹈姿势，一方面表现她的高抬腿技巧，另一方面突出她动作的夸张。有人曾如此描述拉·古留的舞姿"她翻转着身体，就像一头疯狂的、企图飞跃障碍物的山羊，整个人仿佛即将被分割成两半！飞起的衬裙宛若一团火焰，点燃了全场的气氛。"而图卢兹-劳特累克仅用几条线就将这一切表现得淋漓尽致。此外，他巧妙地用剪影的形式勾勒出远方围观的人群，其中既有戴着高礼帽的男士，也有戴着羽毛帽的女士。这种手法很可能源自皮影戏，值得一提的是，中国的皮影戏在当时的巴黎非常受欢迎，是图卢兹-劳特累克经常光顾的黑猫咖啡馆的招牌表演。

图卢兹-劳特累克从剧院中汲取灵感，并将其融入了自己设计的海报、布景及小幅幕布中。他曾先后与自由剧院[38]和名家剧院[39]合作，在主题、篇幅及印刷条件限定的情况下展现了惊人才华。当时，很多画家及作家都选择投身于与戏剧相关的创作之中，如蒙克、罗普斯、维亚尔、瓦洛东、隆松、博纳尔、安奎汀、塞律西埃、德托马斯、谢雷、弗朗、伊贝尔、里维耶、拉斐尔、西涅克、威莱特、史坦林等。但图卢兹-劳特累克以高超的画技、别具一格的简洁画风以及极强的表现力从众多画家中脱颖而出。他画的不是演出的场景，而是表演的内在精髓。

台前幕后

《百大沙龙 [40]》
Salon des Cent

私人收藏

这是图卢兹-劳特累克为百大沙龙（他本人也参加了本次展览）绘制的海报，是基于画家的亲身经历创作的。在搭乘货船从勒阿弗尔前往波尔多的途中，图卢兹-劳特累克疯狂地爱上了一名素昧平生的女乘客（世称"54号乘客"），但不久后他发现这名女乘客早已婚嫁（丈夫是法国殖民地的一名官员），生性害羞的画家不敢表白，只能一路尾随坐船到了里斯本站。在这幅海报中，图卢兹-劳特累克便用充满爱意的笔触描绘了这名女乘客的身影，女子站在甲板上，用忧郁的眼神凝视着远处的大海。除了米西亚，图卢兹-劳特累克鲜少以如此慎重的态度表现女性形象。

---

38 译者按：自由剧院，曾上演《破产——诗人和金融家》《传教士》《金钱》《别人的财富》《致敬费尔曼·热米尔》。

39 译者按：名家剧院，曾上演《赤陶的小车》、罗曼·库鲁斯的《拉斐尔》、奥斯卡·王尔德的《莎乐美》、亨利·巴塔耶的《麻风病的女人》及易卜生的《罗斯蒙肖龙》。莫里斯·丹尼斯、维亚尔、安东尼奥·德·拉·甘达拉和查理·杜德列共同创作了该剧院1895年—1896年的宣传册。

40 译者按：百大沙龙是1884年—1900年由羽毛杂志社在巴黎主办的一系列画展，由于每次展出的艺术家名额限制在100人内而得名。

漫画
Du côté de la caricature

新闻界的动荡促进了漫画的蓬勃发展。漫画一时间遍地开花,在很大程度上是因为人们渐渐意识到文字与直观的绘画是离不开的。不同于绘画与摄影的竞争关系(摄影是一个可怕的竞争者),绘画与文字是本家,同根同源。此外,绘画的意境可以扩展文字的内涵,这一点也使绘画和文字之间原本坚固的同盟关系更加亲密。两者相辅相成,相互促进。漫画与文字的关系就好比剧本中的旁白和对话,漫画用一种轻松的方式将文字含蓄甚至不可言说的内容表现了出来,从大段的文字中挖出本质,以最直接的方式传递给读者,给读者带来强烈的视觉冲击。漫画的发展与摄影几乎是同期的,这两种艺术都来源于人们对即时性的追求。

1881年7月29日,法国政府取消了对新闻界的审查制度,这极大地促进了漫画的发展。在图卢兹-劳特累克的职业生涯中,插画对他的成功起到了至关重要的作用,这不仅是因为他本人对插画的喜爱,也离不开讽刺漫画兴起的时代背景。顺应着时代的发展,图卢兹-劳特累克选择投身于漫画创作这场冒险。漫画,没有改变他的风格,只是促进了他以独特的方式进行构思,力求呈现出令观众能迅速意会的人物姿势。

初涉画坛时,图卢兹-劳特累克就已经表现出了对漫画这种夸张的艺术形式的浓厚兴趣。漫画在历经蛰伏(曾遭遇帝国政权的摈弃)之后,终于重回世人的视野,回归到一个较为温和的大环境之中。1892年,艺术评论家阿尔塞纳·亚历山大发表了《笑与讽刺的艺术》,正式为漫画正名。

图卢兹-劳特累克对漫画情有独钟，一方面是因为其夸张的表现手法，另一方面是因为漫画能够记录那些短暂的、转瞬即逝的瞬间。漫画，尤其是新闻报道中的漫画，对画家的创作速度提出了很高的要求，因为无论是描绘的对象，还是讽喻的热点事件，很快便会过时。然而，这恰恰体现了图卢兹-劳特累克的过人之处，他赋予了漫画新的价值，在他的笔下，漫画不再仅仅是新闻报道的手段。即使他画的事件已经不是时下的热点，渐渐无人问津，其作品的可读性也丝毫不受影响。换言之，图卢兹-劳特累克的漫画超出了事件本身。

　　图卢兹-劳特累克对政治完全不感兴趣，他拒绝画时事漫画，更喜欢画"人物"（和杜米埃一样），描绘社会舞台上永恒的人物。后人将图卢兹-劳特累克的个别作品解读为他对自己社交圈子的一种批判，批判这个圈子的奢靡、苛刻和堕落。不过，这种堕落并没有让图卢兹-劳特累克心生恐惧，反而成了他喜欢描绘的对象。

　　漫画记录的往往是瞬间的想法。图卢兹-劳特累克不仅巧妙地运用了漫画的这一特质，还进一步挖掘了漫画的瞬间表现力，将人物表现得活灵活现。自始至终，图卢兹-劳特累克都对自己及社会有着极为清醒的认识，这也恰好契合了漫画的特质。尽管漫画的大小有限，但它却完美地体现了"世纪末"的精神，敏锐地揭露了社会的堕落，这种堕落既美丽又悲伤。

　　从带有社会色彩的自然主义到记录空想的象征主义，这个时代的艺术界经历了巨大的变迁。画家们感觉到自己似乎已经不适应这个时代，开始质疑自身的手法、媒介、工具及表达力，迫切地渴望能找到一种全新的表现方式。图卢兹-劳特累克选择了最简单也最自然的方式，即一针见血地表达自己的想法。于是，他直接刻画世界的阴暗、人类的恐惧及末日的狂欢，为观众献上了一幅幅极为直观甚至有些犀利的作品。

　　图卢兹-劳特累克是如此自由：他笔下的线条仿佛一阵浪漫的颤音；他抽离自己的情绪，却令作品达到了令人惊艳的效果；他喜欢把深情开成玩笑，幽默似乎早已镌刻在他的灵魂深处。图卢兹-劳特累克的创作从来不是白热化的，因为过于炽热反而会令作品黯然失色；他赋予作品历久弥香的力量，给予观众愉悦的感受。

　　这是图卢兹-劳特累克特有的活力，反映他对冒险和破坏的渴望。坠落、混乱、重复、激荡……这一切都与后来的表现主义不谋而合。表现主义是一门激烈的艺术，反对一切的禁忌（包括对"精致艺术"的禁忌）。

劳特累克的故事

《纳坦逊夫妇的餐桌》
Une Table chez M. et Mme Natanson
现收藏于美国休斯敦美术博物馆,约翰和奥黛丽·琼斯·贝克藏品

从米西亚组织圣弗洛伦丁街画展(参与者多为《白色评论》的合作艺术家)开始,纳坦逊夫妇就保留了定期在瓦尔文或约讷河畔的维伦纽夫乡间举行聚会的习惯。在聚会上,纳坦逊夫妇会和维亚尔、博纳尔、瓦洛东、图卢兹-劳特累克等密友在愉快的氛围中谈笑风生,进行热烈却不失文雅的交谈。鉴于这幅作品还是草图,我们无法辨别其确切的环境,只能看出画的是餐后的情景——这是印象派画家偏爱的题材。作品营造出了一种随意、慵懒的聚会氛围,创造出了一幅惬意的乡间聚会图景。

乡间

A la campagne

印象派的创作根植于乡间,而图卢兹-劳特累克的创作则完全根植于大都市。童年时代的图卢兹-劳特累克就开始描绘身边的场景,由于父亲喜爱骑马,因此他目之所及都是马。对他来说,大自然只不过是一个背景,他几乎从未仔细观察它。后来,图卢兹-劳特累克在蒙马特买下了"森林老爹"的花园,请模特来这里工作。他会根据模特来布置画面的场景,但他仍然只是把大自然作为一种装饰元素引入肖像。

虽然图卢兹-劳特累克没有直接描写风景,但他也很享受乡间的乐趣。他喜欢在家人的各个庄园中度过惬意的时光,短暂地抽离令他筋疲力尽的城市生活。对图卢兹-劳特累克而言,乡间生活代表着幸福的童年回忆,令他心生向往。或许也正因为如此,他才会在临终之际回到母亲位于马尔罗梅的城堡,选择在家人温暖且充满理解的亲密相处中度过最后的时光。

图卢兹-劳特累克与纳坦逊夫妇（特迪和米西亚）交好，常会造访他们的住处。起初，纳坦逊夫妇住在瓦尔文。瓦尔文位于塞纳河畔的马恩省，是一个迷人的乡村，就在马拉美的住处附近。夫妇俩在瓦尔文有一座名为"拉戈兰吉特"的房子（至今仍保留完好），"这是一座相当舒适的房子，到处都堆着杂物，显得有些破旧，但这正是房子的迷人之处。一楼小巧精致的房间上方有一个大阁楼，天花板低矮，梁木做工上等"。米西亚在房子里放了一架钢琴，而特迪则放了一张工作台。纳坦逊夫妇常会在家中举行聚会，博纳尔、维亚尔、图卢兹-劳特累克及其朋友罗曼·库鲁斯都是聚会的常客。库鲁斯是"图卢兹-劳特累克在风月场所的同伴"，声音嘶哑，笑声如洪钟，身材几乎和图卢兹-劳特累克一样矮小，性格也同样敏感易怒。

劳特累克的故事

特迪·纳坦逊和米西亚·纳坦逊的旧照片
Thadée et Misia Natanson

聚会就像是一场小型音乐会或诗歌朗诵会,岁月静好。有时,纳坦逊夫妇及客人们也会乘着马拉美的小艇,在塞纳河上观赏美景。马拉美曾向魏尔伦感慨道:"我沉浸在这绝美的游河之旅中,为塞纳河而悸动。河水整日整日地流淌,却不会让人感到岁月的流逝,自然也就不会被悔恨的阴翳笼罩。"

每当聚会时,阿尔弗雷德·雅里会一个人骑着自行车踩单车前来;另外还有一群朋友,"从巴黎乘火车过来,纳坦逊夫妇会开车去接他们。如果阳光正好,落落大方的米西亚有时也会骑着自行车,穿过林间小道来找这些朋友,把他们领到'拉戈兰吉特'"。

随着到访的朋友们越来越多,"拉戈兰吉尔"似乎显得有点拥挤,容不下这么多宾客。纳坦逊夫妇还是希望能够保留这项乡间社交的传统,便在约讷河畔地维伦纽夫物色了一座新房子,并取名为"驿站"。新房子"坐落在一个古色古香的大花园中,花园俯瞰着一条蜿蜒的小河"。这下,夫妇俩终于可以无拘无束地款待客人了。"和在瓦尔文的时候一样,图卢兹-劳特累克会花一整天在河里划船、游泳。他喜欢别人给他拍照,在相机前他总是一脸坏笑,将畸形的裸体拍进照片似乎让他感受到了一种挑衅的快感。"

多年来,图卢兹-劳特累克经常会拜访纳坦逊夫妇,双方关系甚笃,但他却为这对夫妇绘制了一幅十分怪异的作品《纳坦逊夫妇的餐桌》。"画中的米西亚肥胖且粗俗,看上去要比她真实的年纪大30岁,头发染成了令人反感的红色。她下巴往前伸,双肘牢牢地支在桌子上,一副主掌大局的模样,看起来似乎很烦躁。图卢兹-劳特累克仿佛在纳坦逊夫妇家的日常生活场景中引入了风月场所的气息。"

乡间

作为纳坦逊夫妇家的常客，维亚尔与图卢兹-劳特累克也十分熟悉，他曾在维伦纽夫为图卢兹-劳特累克绘制了一幅非常有趣的肖像，画中的图卢兹-劳特累克一副画室的打扮，这位常年待在大都市的贵族似乎突然变成了乡间的农夫，看起来粗糙又狡黠。这绝对是一幅令人过目不忘的肖像，罕见地揭示了图卢兹-劳特累克身上的双重气质。

劳特累克的故事

儒勒、乔治及其他作家

Jules, Georges et les autres

　　图卢兹-劳特累克虽然是一个生活在都市的夜生活爱好者，但他对乡间生活也并非全无感情。他小时候就住在乡间，经常会与动物嬉戏。图卢兹-劳特累克曾为儒勒·列那尔的散文集《自然纪事》创作了一幅插画，尽管这幅插画在他众多都市风格强烈的作品中显得有些突兀，但他自己却很喜欢，因为这超脱了他惯常的主题，表现了他童年时代的乐趣。在这幅画中，图卢兹-劳特累克并没有失去自己的风格（或迷失自我），而是体现了自己一贯以来的幽默风格，并证明了自己作为一名出色的动物画家的细致观察能力。

　　图卢兹-劳特累克没有效仿插画家格兰维尔的创作法则。格兰维尔将动物想象成一种模仿人类的喜剧存在，而图卢兹-劳特累克则走上了另一条道路，他将人物的情绪倾注到了动物的身上。只不过不同于图卢兹-劳特累克笔下狡猾、淫荡和迷惘的女性形象，他的动物画没有那么强烈的侵略感，更多的是一种审慎的、温柔的感觉，还原了动物的纯真特质。

《版画之美》封面
L'Estampe originale
私人收藏

1893年,《艺术家日报》的主编安德烈·马蒂开创了"季度版画集"的概念。于是,他召集了当时杰出的版画家,包括安奎丁、博纳尔、丹尼斯、伊贝尔、莫林、隆松、罗塞尔、瓦洛东、维亚尔等。此外,他还邀请罗杰·马克思为版画集撰写序言,图卢兹-劳特累克则负责封面创作。图卢兹-劳特累克是艾薇儿的拥趸,因此他借此机会向偶像致敬。最终完成的封面中既有蜿蜒的曲线,也有简约的几何线条,让人不禁联想到时兴的新闻漫画。

《老故事》封面
Les Vieilles Histoires
私人收藏

这幅画是歌曲集《老故事》的封面。该歌曲集由戴西雷·迪豪作曲，由米西亚的兄弟让·古贝司基作词。画中的男子正是戴西雷，背景则是巴黎（可以依稀看到巴黎的标志性建筑艺术桥和埃菲尔铁塔）。除了封面，图卢兹-劳特累克还为该歌曲集创作了另外五幅插画。

在《自然纪事》的无数插画版本（皮埃尔·博纳尔、本杰明·拉比尔、奥古斯特·鲁比等人都画过）中，图卢兹-劳特累克的版本最为审慎，他还原了动物的真实形态，并毫无保留地赞颂动物。图卢兹-劳特累克的插画风格独树一帜，但并没有得到应有的发展，这一方面归咎于画家本人的散漫和任性，以及他开放的生活作风；另一方面与文学界内部的纷繁复杂不无关系。

除了《自然纪事》，图卢兹-劳特累克还曾为乔治·克里孟梭的《西奈山之脚》绘制插画。他为这部小说创作了大约 15 幅平版印刷的版画，该系列作品的风格变化很大，既不乏风趣幽默，又体现了宽厚为本的人文主义内涵。

相较于为文学作品绘制插画，为画册创作封面显然要自由得多。图卢兹-劳特累克在画册创作上也颇有造诣。他曾受邀为版画集《版画之美》创作封面。《版画之美》的发起人是《艺术家日报》的主编安德烈·马蒂，收录了安奎丁、博纳尔、丹尼斯、伊贝尔、莫林、隆松、罗塞尔、瓦洛东、维亚尔等纳比派画家的作品。图卢兹-劳特累克似乎一直和纳比派画家走得很近，他曾与该画派的画家一同进行戏剧方面的创作。

图卢兹-劳特累克曾为好友提南的著作《妮侬·德·朗克洛的故事》创作封面,不过仅仅是出于友谊。后来,图卢兹-劳特累克还为朱利安·塞梅的作品《快乐短暂》(由古斯塔夫·杰夫洛瓦作序)及维克多·乔兹的作品《伊西多尔族》创作封面。不过,奇怪的是,图卢兹-劳特累克从未为自己最喜欢的作家波德莱尔作过插画。

劳特累克的故事

儒勒、乔治及其他作家

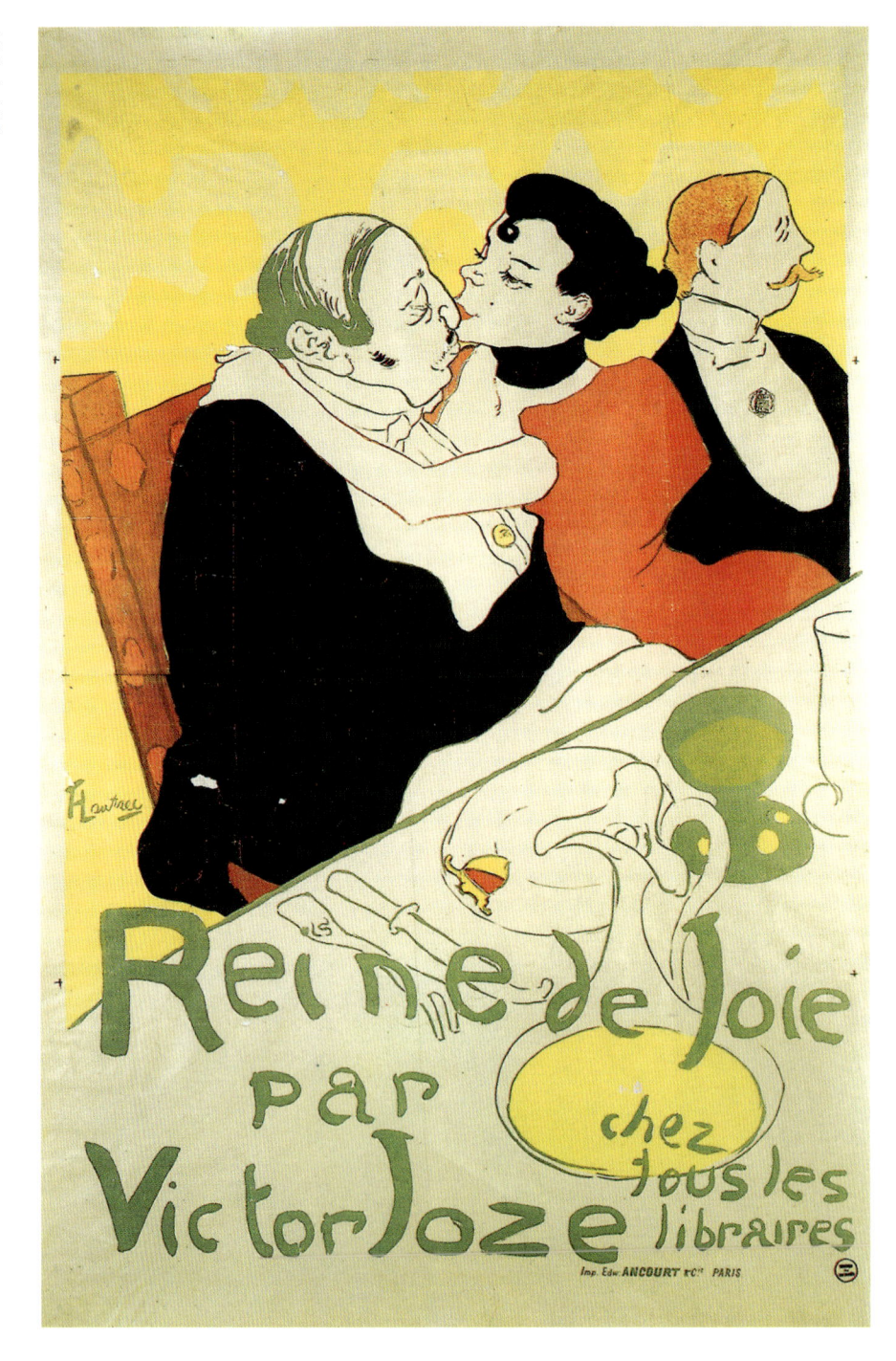

《放荡女》
Reine de joie
《人间万象》的宣传海报，私人收藏

这个略显庸俗的标题对应的是维克多·乔兹的小说《人间万象》。小说讲述了一个名叫海伦·罗兰的妓女与身材肥胖的银行家罗森菲尔德男爵的爱情故事。后人认为罗森菲尔德的原型是罗斯柴尔德男爵。这部作品的封面由博纳尔设计，宣传海报则由图卢兹-劳特累克负责。图卢兹-劳特累克延续了自己一针见血的手法，在不涉及具体细节的前提下，用简洁的线条极色块揭露了小说的主题。对于这幅宣传海报，费内翁（曾多次与图卢兹-劳特累克合作）给出了很高的评价，他说："画中的女人刻板冷酷、形象夸张。图卢兹-劳特累克呈现了一幅不朽的作品，他做到了在篇幅不大的画面上实践并反思海报设计的美学。"而茹尔丹则做了更加详细的分析，他说："图卢兹-劳特累克围绕这部小说呈现了一幅绝妙的心理学画面。画面前方是相拥的妓女及银行家，远处则是一个装腔作势的年轻人，他身体僵硬，看上去像是一个人体模型……但这名年轻人只是配角，在这幅出色的作品中无关紧要。画中的妓女人老珠黄、神情憔悴，她通过不道德的行径来获取别人的爱，将不那么美好的躯体暧昧地贴近恶毒而富有的银行家隆起的腹部。这个颤颤巍巍的老淫棍花钱让妓女来亲吻他松弛的皮肤，这看起来未免有些好笑。"茹尔丹在美学评论之外注入了道德层面的思考，这也是一些专门解读图卢兹-劳特累克作品的评论家的典型分析方法。可见，图卢兹-劳特累克的作品不仅有很高的美学价值，还有一定的哲学价值。

劳特累克的故事

《酒吧的两个女人》
Deux Femmes au bar
现收藏于巴黎罗浮宫图形艺术分部

图卢兹-劳特累克沉迷于风月场所。他喜欢待在酒吧里，观察并描绘那些在酒吧里等待艳遇的女子。在这幅速写中，图卢兹-劳特累克果断地捕捉到了人物的轮廓，将人物的职业和特征概括成了一些简单的细节。据经常与图卢兹-劳特累克一起出入酒吧的让·洛兰描述，这是"两名神情傲慢的女士，脑袋仿佛长尾小鹦鹉，衣服上有褶线饰边，身披长绒毛外套，上面挂着白鹭羽毛和鸵鸟毛的小装饰"。

酒吧的语言

Le vocabulaire des bars

对于图卢兹-劳特累克，古斯塔夫·科奎奥曾这样描述道："他不爱循规蹈矩，因此他更喜欢出入'英美风'的酒吧。在这里，他可以看到玻璃装饰、彩色的纸巾、穿白夹克的服务生、三分熟的牛排、放在水杯里的芹菜茎、酒桶、铜条搭成的高柜台……他对调鸡尾酒很感兴趣，尤其喜欢短饮[44]，以及一款由金酒[45]和威士忌调制而成的混酒。图卢兹-劳特累克这个矮小的畸形人注视着一列排开的酒桶及彩色的玻璃器皿，器皿中装着各式晶莹剔透的液体，如英式啤酒、香槟、长饮[46]及贪食人鸡尾酒[47]。一瞬间，他的欲望被点燃了。"

图卢兹-劳特累克沉浸在自己的世界里，科奎奥则是他在巴黎的最佳玩伴。对于巴黎这座充斥着纵欲气息的城市，科奎奥回忆道："那里人可真够多的！从阿姆斯特丹街、香榭丽舍大街到

44	译者按：短饮（Short drinks）通常是指酒精含量较高、分量较少的鸡尾酒，饮用时通常要一饮而尽，时间一长风味就减弱了。
45	译者按：金酒（Gin），是一种以谷物为原料经发酵与蒸馏制造出的中性烈酒基底，增添以杜松子为主的多种药材与香料调味后，制造出来的一种西洋蒸馏酒。
46	译者按：长饮（Long Drink）通常是指可以慢慢饮用的饮料。
47	译者按：贪食人鸡尾酒（The Gobbler），一款由金酒、柠檬汁及酸果蔓酱调制而成的鸡尾酒。

劳特累克的故事

蒙田大道，到处都是酒吧！还有作家街的阿基里斯酒吧、皇家街的爱尔兰美国酒吧。在灯红酒绿的舞厅里，图卢兹-劳特累克遇到了牵着狂吠的小狗的骑师，还有酒吧的驻场歌手，他们歪着脑袋、举止粗鲁、大大咧咧。所有人都兴奋得忘形、大喊大叫，他们要么喝酒，要么抽烟。黑人一边摇摆着身体，一边演奏班卓琴；年华老去的舞女沉溺于酒精、不可自拔；行尸走肉们高声叫嚷着，甚至会热得解开自己的扣子……"

　　科奎奥形象地描述了巴黎夜场的下流、堕落和悲观，让我们知道了图卢兹-劳特累克的世界是如何的痛苦、孤独和苦涩。一群同样在巴黎流浪的诗人与图卢兹-劳特累克结下了不解之缘，他们都将全部的才华投入了自己的生活和创作，如让·德·提南就"把自己的人生活成了一家音乐厅"。图卢兹-劳特累克和这些流浪者共同生活在巴黎这个浮华的大都市之中，他们的生活是咖啡馆，是林荫大道，是从皮加勒街到马德琳周围的娱乐场所，是有着高脚凳、贵重的实木吧台、镀镍饰品、玻璃器皿及精彩的交响乐的美国酒吧……他们置身于其中，夜夜笙歌。

《勒阿弗尔的歌女多莉·杜斯塔》
La Chanteuse Dolly du Star, au Havre
现收藏于巴西圣保罗艺术博物馆

琼安曾与图卢兹-劳特累克一起在勒阿弗尔逗留,据他所说,歌女多莉经常会光顾港口气氛阴郁的酒吧,而且"一拿到号码便直奔吧台喝酒"。图卢兹-劳特累克的这幅肖像便刻画了多莉露骨且无情的真实面目,用简洁的线条描绘出她浓艳的妆容及粗俗的气质。

《皇家街的爱尔兰美国酒吧》
Irish American Bar, rue Royale
私人收藏

除了蒙马特的夜场，图卢兹-劳特累克还经常光顾林荫大道附近的英伦风酒吧，其间流传着许多记者、剧作家、出版人、运动员和不择手段的大资本家的故事。画中的爱尔兰美国酒吧弥漫着奢靡的气息及酒精的味道，酒吧中的礼仪让人不禁想起上流社会的沙龙，实际上，所谓礼仪也不过是上流社会无耻的装饰罢了。

图卢兹-劳特累克沉浸在"世纪末"奥芬巴赫风格的世界里，不过，他的另一只脚也踏进了更为现代的新地带，抬头展望接下来的疯狂岁月[48]。我们常会看到他手执铅笔，坐在"屋顶的牛"酒吧[49]或黑人舞厅[50]里作画。正是图卢兹-劳特累克身上的这种现代气质使他从同时代的人之中脱颖而出。

酒吧是图卢兹-劳特累克精神旅行的前廊，他一方面是为了忘记自己的境况，另一方面也是在寻找新的绘画题材。其实，图卢兹-劳特累克也画过一些乡间题材，描绘过平和淡泊的世界，但这绝非艺术家的本性，他还是渴望通过画笔揭露社会的黑暗面，表达自己对生命的理解。后来在20世纪初萌芽并蓬勃发展的德国表现主义便传承了图卢兹-劳特累克这种尖锐且彰显着残忍的清醒的绘画风格，致力于表现生命的活力、渴求及人类在生存处境中的激烈情感。

巴黎夜生活中的图卢兹-劳特累克成了贯穿20世纪文学史的人物。他接触到了以夜生活和英伦风为中心的都市诗歌——20世纪初的欧洲诗坛受到了英美文化的影响，无论是纪尧姆·阿波利奈尔、布莱斯·桑德拉尔、瓦莱里·拉尔博、路易·阿拉贡、皮埃尔·麦克奥伦、弗朗西斯·卡科，还是亚瑟·克拉万都不例外。那一时期的诗歌充斥着夜生活的场景、七彩的霓虹灯及低俗的虚无，诗里的主角是女人，这里的女人不是什么女明星，更像是饥不择食者的猎物。酒吧是风月场所的前廊和门庭，彰显着隐晦的情欲与欢愉。

酒吧的语言

48　译者按：疯狂岁月，法国在 1920 年—1929 年社会、文化和艺术异常活跃的时期。

49　译者按："屋顶的牛"酒吧（Bœuf sur le Toit），巴黎著名的歌舞表演酒吧，创建于 1921 年，是当时前卫艺术家的聚集地。

50　译者按：黑人舞厅（Bal Nègre），巴黎著名的舞厅和爵士音乐俱乐部，创建于 1924 年。

劳特累克的故事

《家里的烫洗工人》
Le Blanchisseur de la maison
现收藏于法国阿尔比图卢兹-劳特累克博物馆

纵观图卢兹-劳特累克的作品，他并没有像德加或杜米埃一样直接描绘普通大众的生活或做家务的场景，因为整日流连于风月场所的图卢兹-劳特累克显然并不关注家庭琐事。在这幅作品中，图卢兹-劳特累克罕见地描绘了烫洗工人，且采用了现实主义的表现手法。要知道，现实主义并非图卢兹-劳特累克的一贯风格，但它确实具有无限的潜力，可以使画面更加多样化，强化作品反映生活的功能。

风月场所
Maisons closes

I

在 19 世纪的法国，风月场所的规模迅速扩张，在社会稳定、家庭和睦及已婚男子的自我释放等方面发挥了不可忽视的作用。与教堂、证券交易所、银行一样，风月场成了当时公众生活尤其是资产阶级（经济和文化生活的活跃份子）生活的调节剂。

风月场所与周围的建筑小心翼翼地融合在一起，成了都市中一道必不可少的风景线。这些风月场所风格不一：有的奢靡华丽，带有浓浓的奥斯曼风格；有的比较破败，开在杂乱的街区里，但也别有一番味道。许多作家都曾在作品中描绘风月场所的场景，如埃德蒙·德·龚古尔的《少女艾丽莎》、莫泊桑的《戴丽叶春楼》、左拉的《娜娜》、于斯曼的《马特》等。此外，不少艺术家也都曾以风月场所为题材进行创作，如康斯坦丁·居伊、德加、罗普斯、弗朗等。

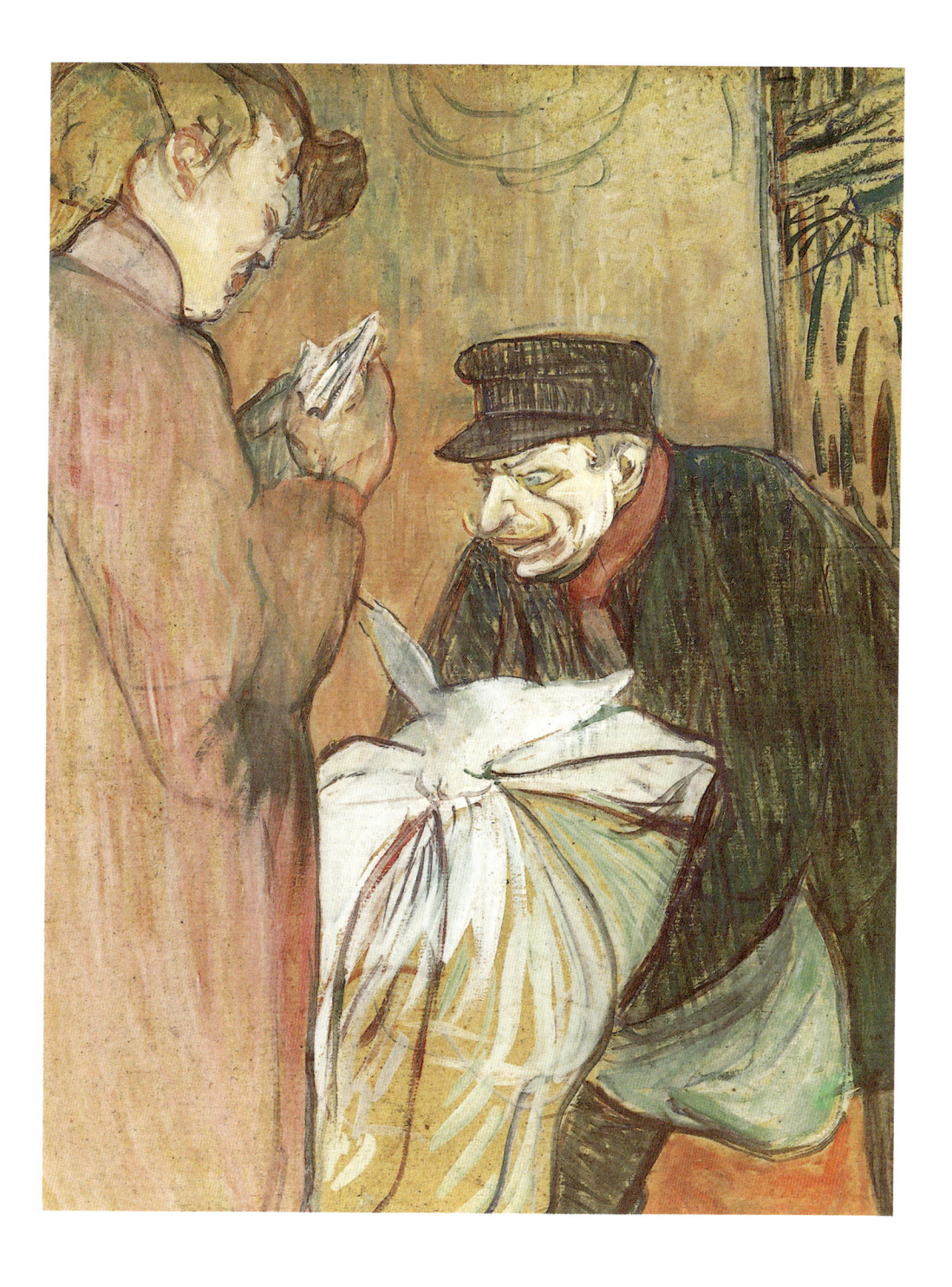

劳特累克的故事

《在红磨坊的大厅里》
Au salon de la rue des Moulins
现收藏于法国阿尔比图卢兹-劳特累克博物馆

在图卢兹-劳特累克以风月场所为主题的海量作品中，当数这一幅最为出彩，传颂至今。作品的构图明显经历了精心的设计，图卢兹-劳特累克利用镜面的反射呈现繁复的视角，大厅中的各种装饰一览无遗。画面巧妙精致，尽管略有些沉重，但还是难能可贵地保留了令人悸动的清新感。从某种角度上看，这幅画可以算是图卢兹-劳特累克式的历史画[51]，画家将一系列背景凝结在巧妙的结构中，形成类似"历史概述"的成品。

    当时的风月场所大致可以分为两种，一种专供资产阶级消遣，另一种则接待来自社会底层的顾客。当时深受谴责的社会等级制度在这样的分化中找到了依据和基准。图卢兹-劳特累克常去的是供资产阶级消遣的风月场所，他在这里重新体会到自身的阶级地位，放纵他骨子里奢靡放荡的个性，这是他生活的发酵剂。不过，与其说他是在风月场所中享受欢愉的，不如说他是来记录这里的生活的。他带着一种野蛮的快感、节制得令人钦佩的暴力及令人眩目的诱惑，跟随自己真实可怖的内心，描绘着风月场所的一切。

    这与波德莱尔笔下的风月场所截然不同。波德莱尔是一位亦正亦邪的诗人，他和图卢兹-劳特累克一样频繁地出入风月场所，但他有着柔软的感知，因此他创作出的作品更加温暖、更加文明。波德莱尔大方地用优美的诗句描摹着风月场所的种种，呈现戏剧性的欢愉及身体中最私密的舒适，营造出了一种奢侈的色欲氛围。

    波德莱尔品尝着风月场所氤氲模糊的魅力，完全沉浸在自己描绘的浮华世界之中，而图卢兹-劳特累克则致力于揭示这些浮华表象下的不幸。在图卢兹-劳特累克的画中，人们或为无望的人生感到悲痛，或苦苦挣扎于糟心的日常生活，或因为失败的感情经历变成了行尸走肉。

风月场所

51 译者按：历史画曾一度被新古典主义和学院派风味最正统、最高贵的绘画题材，乃至于曾成为官方沙龙挑选作品的标准。

劳特累克的故事

《大厅里的长沙发》
Au salon: le divan

现收藏于巴西圣保罗艺术博物馆

在这幅画中，图卢兹-劳特累克描绘了风月场所中的一个常见场景，通过舒适的蜂巢式沙发及沙发上的女子展现了一个"等待"和"陈列"的仪式。这是参观风月场所的基本序幕。19世纪末，光顾风月场所成了聚会爱好者的一项日常习惯。对于图卢兹-劳特累克的这幅作品，欧仁·德莫尔德评论道："在室内装饰中，在家具上，在红色的沙发上，画家放上了一些浓妆艳抹的'蛆虫'，她们宛如一些劣质的蔗渣。"在等待客人的间歇中，妓女们"有的在玩永远不结束的点叉游戏，有的在互相抽取卡牌，希望能借此获得好运；这些无不体现了她们对风月场所墙外美好生活的向往"。图卢兹-劳特累克用柔和隐秘的方式，描绘了一个人间炼狱。

作为图卢兹-劳特累克的偶像，德加也曾围绕风月场所展开创作，他的笔触透露出一种贵族的冷漠及冷嘲热讽的态度，也正是这种态度促使他去画那些其他画家不屑于描绘的形象，如梳妆或沐浴中的女人。可以说，德加将女人视为情欲的对象，在这样的前提下，女人的一举一动仿佛都不带任何感情。

而图卢兹-劳特累克则在画中融入了自己的所观所感，他不仅描绘人物身体的痛苦，更描绘灵魂的痛苦。他画中的风尘女子往往已经人老珠黄，没有任何肉欲的吸引力，面色苍白，神情冷漠。图卢兹-劳特累克最忠实的朋友琼安曾指出，图卢兹-劳特累克"更接近乔托，而不是罗普斯"，换言之，他的创作手法更接近于宗教画。不同之处在于乔托是出于宗教信仰，图卢兹-劳特累克则是出于同情。这种同情是他的女性朋友所激发的，图卢兹-劳特累克将自己视为她们在上流社会社交场中的最佳搭档。

图卢兹-劳特累克与其同时代的人不同。其他画家,特别是罗普斯(喜欢将人物夸张化,表现风月场所的幽默、轻浮甚至低俗),他们描绘风月场所时很难脱离男欢女爱的主旨,并多少透露出低俗的意味。然而,图卢兹-劳特累克却摆脱了世俗的偏见,十分尊重他要描绘的女性(哪怕是妓女),并将女性当作一个个苦难的个体。

　　在作画时,图卢兹-劳特累克往往会从日常生活出发,着重刻画妓女平日里的个性。在他的画中,我们看不到任何淫邪的念头,或者色情的意味。在那个年代要做到这一点着实不易,因为当时的大部分画家都会着力强调这些特质,以满足普罗大众及自己的恶趣味。

劳特累克的故事

《扯袜子的女人》
Femme tirant son bas
现收藏于法国巴黎奥赛美术馆

图卢兹-劳特累克围绕着"扯袜子的女人"这一题材创作了若干个不同的版本。在最初的习作中,图卢兹-劳特累克将女子置于一个独立的未知空间中,笔触坚定有力;而在此处的版本中,除了正在扯袜子的女子,还出现了一个次要人物(很可能也是风月场所的工作人员),画面变得更加丰满。图卢兹-劳特累克以讽刺的手法呈现出冷色调的女性裸体,创造出了一种撕裂、紧张、愤怒的感觉,这也正是后来表现主义的特色。

    妓女的生存境况十分恶劣,她们被迫满足资产阶级的性欲,却被困于贫民窟中,永远无法走出来,和"女囚"没有什么区别。后来,随着风月场所的衰败,妓女们开始转战其他娱乐场所,如咖啡馆、酒吧、舞厅等,戴上艺术的伪面具进行表演。

    图卢兹-劳特累克穿梭于风月场所及其他娱乐场所之间,表现这些妓女的生存境况。实际上,当时的风月场所及其他娱乐场所已经没有太多的区别,唯一的区别可能就是前者更加明目张胆,而后者则隐晦一些。图卢兹-劳特累克用画笔描绘了这些可悲的女性,画中的女性有时是裸体的,但图卢兹-劳特累克并没有大肆渲染这种裸露的画面,甚至在一些大型作品中对裸体进行了模糊化的处理,如《在红磨坊的大厅里》(1894年,参见第165页)和《大厅里的长沙发》(1893年,参见第167页)。他或是回避情色的动作,描绘一些做着日常小事的裸体人物,如《扯袜子的女人》(1894年);或是直接捕捉女性优雅的姿态,如《演唱"铃格-珑格-咯"的伊薇特·吉尔伯特》(1894年,参见第55页)。在最后这幅画中,图卢兹-劳特累克像是一位摄影师,生动地捕捉到了人物的神韵,用简洁的笔触展现了伊薇特的颤抖、紧张及表演热情。

    可以说,在描绘风月场所的领域,图卢兹-劳特累克的作品达到了无人能企及的格局。他采用恰当的笔触(一如既往的轻盈),引入一些思考,超脱于人物本身,以凸显某些意味深长的细节。

风月场所

劳特累克的故事

《两个女人》
Deux Femmes
私人收藏

这幅画呈现了一对亲密、默契的女子,将两个独立的个体联结在一起,而观众只能作为旁观者置身其外。然而,换一个角度看,这种看似温柔的契合很可能只是两名女子的对峙罢了。图卢兹-劳特累克不仅画嘈杂的人群,也画绝对的孤独。他像个过客,诉说着他自己对人生的困惑:这个命运多舛的男人,只能通过纵情狂欢来忘却自己的不幸。

莱斯博斯岛,燃烧的女人
Lesbos, ou la femme flambée

I

　　莱斯博斯岛,一个神奇的地方,因古希腊女诗人萨福而闻名于世。诗人波德莱尔曾用优美的语句为世人勾勒出了莱斯博斯岛的世界,他在《莱斯博斯》中写道:"宛如躺在沙滩上沉思的动物一样,她们把目光投向海平线。她们的脚互相探寻,紧紧合拢的双手诉说甜蜜的颓丧及苦涩的颤抖。"

　　画家库尔贝用画笔将波德莱尔诗中的世界画了出来,他通过描绘暴露的身体、光泽的皮肤、手上成串的珠宝以及筋疲力尽的神态传递出了一种幸福的苦涩。

　　相较之下,图卢兹-劳特累克的作品则含蓄得多。作品《两个女性朋友》(参见第173页)着力表现了两名女子在无助之下的默契,图卢兹-劳特累克并没有将情欲作为主旨,而是通过情欲来烘托一种失落感,这种失落感非常贴合这个孤芳自赏的时代。

　　在过往的文学作品或艺术作品中,女性往往只是扮演无关紧要的角色,一如她们在社会中地位——无足轻重的装饰品。而如今,女性开始燃烧自我,挣脱时代的禁锢,质疑那些社会强加于女性身上的品质。

劳特累克的故事

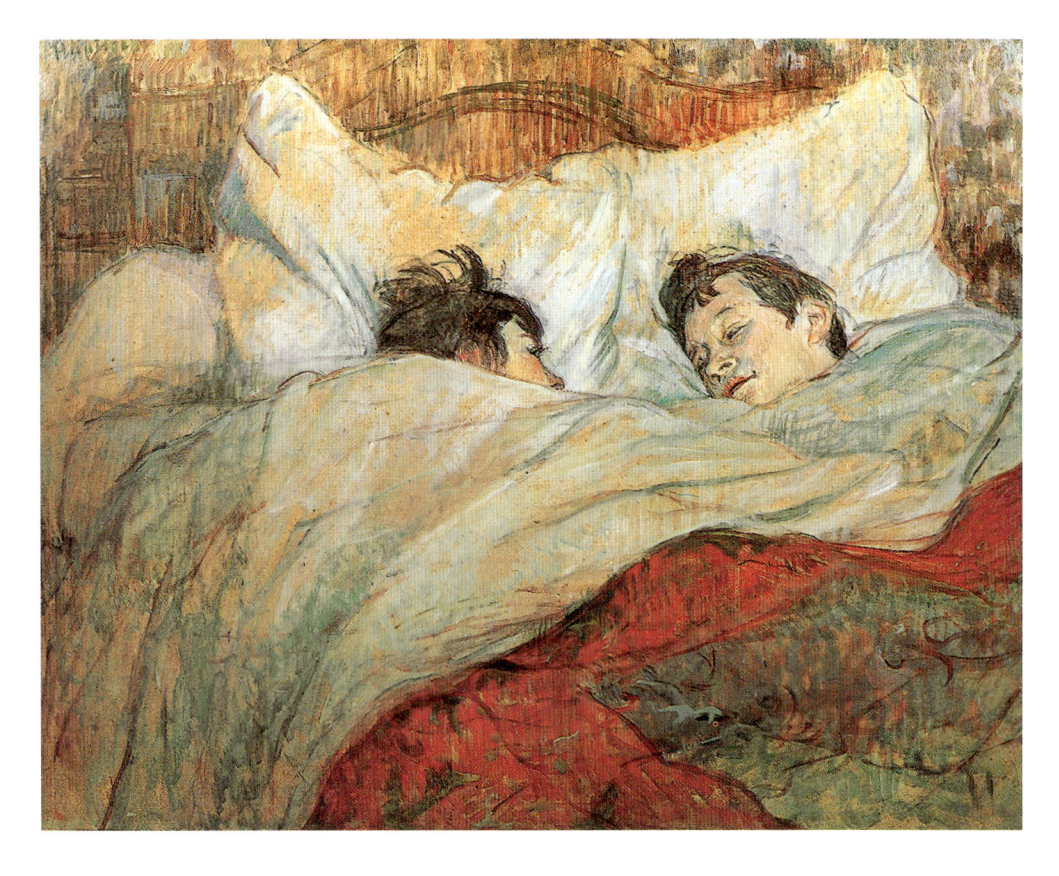

《床上》
Dans le lit
现收藏于法国巴黎奥赛美术馆

"世纪末"的绘画和文学都喜欢描写筋疲力尽（波德莱尔也许会说"受尽折磨的"）的女性。对此类题材，艺术家们既痴迷又厌恶（因为男性感到自己是被排斥在外的）。正是在这种爱恨之间，图卢兹-劳特累克形成了自己的独特视角，这一切都基于他对女性的了解及温情（不少画中人都是画家的熟人）。他并没有像有些自大的男人那样，感觉自己被排斥在外，而是将自己视作女性悲惨命运的共同体，用画作为她们发声。

莱斯博斯岛，燃烧的女人

《两个女性朋友》
Les Deux Amies
现收藏于瑞士苏黎世布尔勒收藏展览馆

库尔贝喜欢描绘欢愉过后的性感及优雅;而图卢兹-劳特累克则坚持揭露各种社会的阴暗面,以及病态、苍白、充斥着难以言表的邪恶的畸形图案。在这幅画中,两人的姿势极度亲昵,空气中弥漫着暧昧的气息。

    纵观图卢兹-劳特累克的作品,我们不难发现在创作了一系列风月场所的主题后,他开始描绘一些不同寻常的女性形象,这些女性不再顺从男性的喜好,勇敢地为自己发声,宣告着女性的独立。可以说,图卢兹-劳特累克采用了一种属于他的风格来表现受伤的灵魂的力量(这种力量有时甚至是无意识的)。身患残疾的图卢兹-劳特累克比任何人都更能理解屈从的女性的痛苦。于是他打破常规,描绘了一个纯粹的女性世界,将男性排除到画面之外,让女性在画中挑衅地展示自己的身体(表演、歌唱、舞蹈)、肆无忌惮地释放自我。

劳特累克的故事

《坐着的小丑》
La Clownesse assise
出自画册《她们》，现收藏于英国伦敦大英博物馆

这幅画描绘了演出间歇的场景：在画面的尽头，一个男人正在向一个女人求爱；而前方的小丑则坐着享受自己的休息时间。小丑的脸上化着浓妆，却显得非常放松。图卢兹-劳特累克一如既往地只用寥寥几笔，就将人物的力量及其内心世界表现得淋漓尽致。在以往的作品中，图卢兹-劳特累克似乎偏爱扭曲痛苦的形象，如卖力跳舞的简·艾薇儿和拉·古留，但这幅画中的小丑却丝毫没有被浓妆掩盖的痛苦，是图卢兹-劳特累克笔下极少数没有流露出痛苦神情的女演员。小丑冷笑的脸上显露出"一种清醒的讽刺"，联想到这是一场化妆舞会的表演间歇，我们便更能理解这幅画的特殊意味。

《她们》

Elles

　　图卢兹-劳特累克曾出版了一本画册，名为《她们》，标题看似简单，却胜过千言万语。虽然画册中的作品都是经过翻印的石版画，但我们还是可以从中体会到图卢兹-劳特累克精湛的画技，以及层出不穷的创作技巧。

　　《她们》出自一名热衷于光怪陆离之物的编辑之手（他尤其喜欢罗普斯和莫林），还曾经在《羽毛》杂志的总部（波拿巴街）展出，由此可见该画册具有很强的文学性。

　　这本画册汇集了图卢兹-劳特累克的许多版画，其中既有简单的插画，也不乏精湛大气的作品。翻看画册，我们可以找到一些他常画的角色（如《坐着的小丑》），但更多的还是同时代的画家（如德加、马奈、维亚尔、弗朗）常会涉及的题材，如穿衣服（或没衣服）的女人及私密的梳妆间中的情景。图卢兹-劳特累克画中的女性形象与马奈笔下的娜娜截然不同，其表现手法有些像德加，不过图卢兹-劳特累克并没有大肆刻画裸体或过于强调情色意味。

　　在描绘类似的题材时，其他画家往往会根据人物来设定场景，通过精美的内衣、紧身胸衣、蜜粉、未整理的床、镜子、帽子等元素来塑造女性的形象，但图卢兹-劳特累克却脱离了这些陈词滥调，严格地贯彻自己的创作法则——捕捉"运动中"的身体，而不是"场景中"的身体，用快速的线条来捕捉人物的动态（与马奈的《娜娜》、塞尚的《新奥林匹亚》有着异曲同工之妙）。

《她们》

在画册《她们》中,最能体现图卢兹-劳特累克眼中女性形象的,还是《倦》这幅作品。同名习作的画面效果要远胜于翻刻的石版画,将图卢兹-劳特累克的精湛画技体现得淋漓尽致。习作描绘了深陷在悲痛之中无法自拔的女性形象,并被画家赋予了孤独的主基调。其实,孤独一直埋藏在图卢兹-劳特累克的内心深处,只是常常被他眼前躁动的身体及嘈杂的人群掩盖。在这幅画中,图卢兹-劳特累克轻轻一抛,抹去了肉体的重量、身体的构造,甚至外在的形状,将一切化为一股怜悯的震颤。

　　图卢兹-劳特累克对一个亵神的(近乎猥亵的)题材赋予了基督的悲悯之美:基督将自己献在十字架上为祭,已然牺牲的身体从此不过是身体的记忆,在步步紧逼的幻灭来临之前,他最后的呼吸将他拖入了深渊。

劳特累克的故事

《躺着的女人》习作
Femme sur le dos, étude
出自画册《她们》，现收藏于法国巴黎奥赛美术馆

在这幅画中，图卢兹-劳特累克描绘了一具躺在床上的裸体。画家博纳尔也曾绘制类似的题材（模特是画家的妻子马尔特），他将身体置于耀眼的光线之下，展现了一种安静、祥和、仁慈的欢愉。而图卢兹-劳特累克的这幅画则似乎在映射英国诗人芮妮·薇薇安病态而露骨的诗句："你的身体，渐渐地、慢慢地变模糊，它是不孕的热情，是雌雄同体的优雅。"图卢兹-劳特累克画出了一种孤独的生存焦虑。画中的躯体没有形状，没有生机，也没有精力，与周围床单融为一体。

《她们》

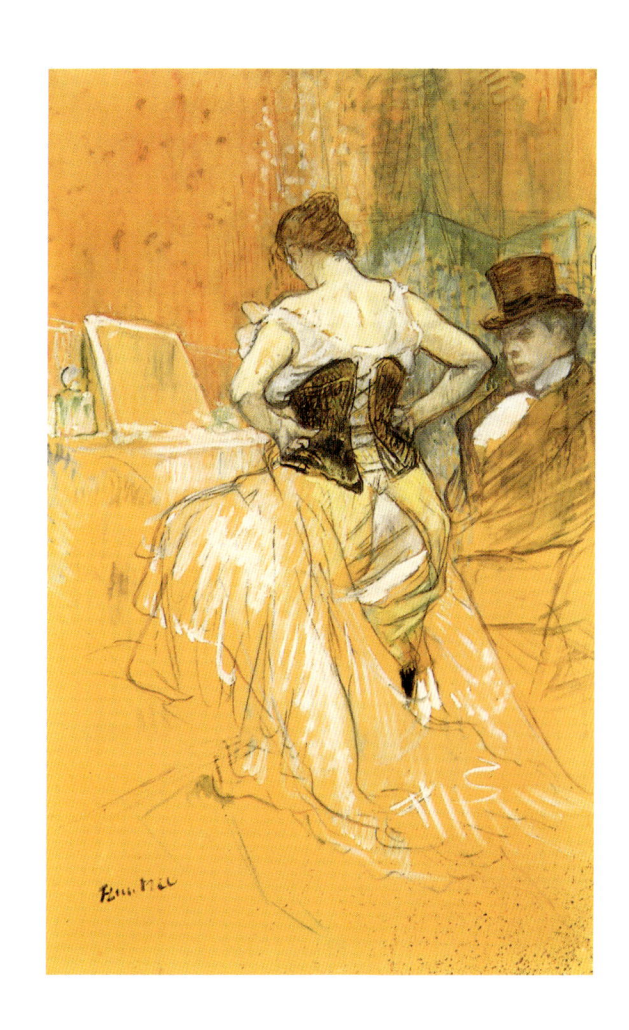

《路过的征服》习作
Conquête de passage, étude
出自画册《她们》,现收藏于法国图卢兹奥古斯丁博物馆

在这幅画中,图卢兹-劳特累克采用了旁观者的视角,不仅让人联想到马奈的传世名作《娜娜》。两幅画都采用了旁观者的视角,但出发点不同,马奈的绘画灵感源自左拉小说中的交际花娜娜,美丽尖刻、精于算计,而图卢兹-劳特累克的作品却与小说无关,只是源于自己的观察。此外,两幅画中女子的个性截然不同:马奈的娜娜大胆地直视观众,眼神中带有邀请的意味;而图卢兹-劳特累克笔下的女子则背对观众,专心地穿着衣服,压根就不理会旁人。在图卢兹-劳特累克的画中,右侧的男子投入地注视着女子,几乎到了病态的地步。男子的脸庞看起来就像是附着在场景中的一个浮雕。说到底,男人的注视才是这幅画的主题:在一个私密的场景中,他正在男性幻想的舞台上独自表演。

劳特累克的故事

《蜜粉》
Poudre de riz
现收藏于荷兰阿姆斯特丹的凡·高博物馆

图卢兹-劳特累克致力于为普通的女性作画，不屈服于人们对颓丧幻灭的作品的漫骂。在《蜜粉》中，我们可以从模特（也许是苏珊娜·瓦拉东）难以抑制的忧郁背后读出一种绝望的温柔。早在图卢兹-罗特列尚未成名时，该画便已经挂在了芦笛歌舞厅的墙上，并且感动了凡·高。于是，凡·高将图卢兹-劳特累克介绍给弟弟提奥，提奥收购了这幅画作为个人收藏。不过，该画后来还是参加了不少展览，如1888年布鲁塞尔的"20人小组"画展。彼时的图卢兹-劳特累克和凡·高一样，仍保持着后印象派的精神（凡·高于同年创作了风格相近的《铃鼓咖啡馆的阿戈斯蒂娜·塞加托里》）。透过这幅作品，我们可以感受到图卢兹-劳特累克在创作上的羞涩，以及他对光影效果的关注。

苏醒的面孔

Visage à l'éveil

马塞尔·普鲁斯特曾凝视着一个熟睡中的女人说："种族、愚昧、劣性，这一切都在她的脸上舒展开来。"这就是休息时的身体，但它却又如此忙碌，以至于一旦苏醒就只能投身于全然的爆发。这就是图卢兹-劳特累克笔下的人物，带着点轻松自在，带着点得意，带着点生命的狂喜，也许还有些伤口，还有可耻的伤疤，可爱却又丑陋。

图卢兹-劳特累克曾描绘家人休憩时的场景，在表现母亲时他的笔触总是饱含柔情和敬重。此外，图卢兹-劳特累克也以友善（或礼貌）的态度画过一些在社会或心理地位上等同于他的模特，笔触羞涩、节制，带有毫无疑问的依恋。在这两类画作中，图卢兹-劳特累克几乎不会表现人物的任何瑕疵。

苏醒的面孔

劳特累克的故事

《马塞尔》
Marcelle
现收藏于法国阿尔比图卢兹-劳特累克博物馆

马塞尔曾在希尔佩里克演出,并于1895年在综艺剧院[52]上演的歌剧中饰演加尔斯文特一角。图卢兹-劳特累克对这位女演员的表演非常痴迷,为她创作了许多版画,如《兰登跳着短节舞的舞步》《希尔佩里克的兰登正面像》《希尔佩里克的兰登背面像》《致敬的兰登》。奇特的是,在这幅肖像中,图卢兹-劳特累克并没有将马塞尔画成漫画,而是较为写实地展现了马塞尔的女性魅力,可见图卢兹-劳特累克对这名女演员的喜爱之情。

然而,面对经常混迹于蒙马特娱乐场所的同道中人,图卢兹-劳特累克则表现得冷漠、清醒、毫不留情。在尚未获得他人无可企及的荣耀之前,图卢兹-劳特累克忍受了铺天盖地的批评,很多评论家指责他揭露世间丑态是沾沾自喜的表现。然而,这种说法无疑是混淆了表面和实质。

如果说,图卢兹-劳特累克的画暴露了丑陋和侵略性,那也都是人物本身所固有的,画家只不过是以这些评论家都未能察觉的微妙手法,呈现了一种残酷而悲悯交加的矛盾体。他拷问自己笔下的人物,但同时也表达了他内心的深切同情。此外,图卢兹-劳特累克的画还带有一种类似漫画的幽默意味,他往往会夸大人物在身体及面貌上的缺陷,营造出一种令人不安的氛围。粗俗、夸张、愚蠢,他塑造了一系列个性丰满的人物,深谙如何捕捉人物的突出特点,以及其性格中明显的割裂之处。

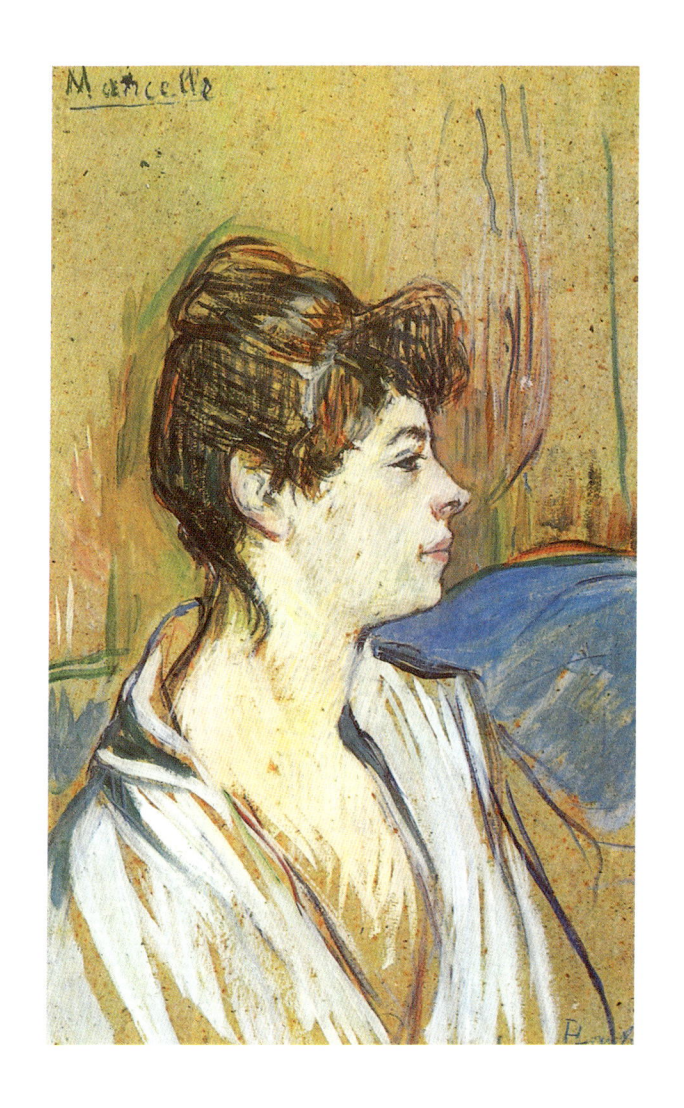

52　译者按：综艺剧院（Théâtre des Variétés），位于巴黎第二区蒙马特大道的知名剧院。

《马塞尔·兰登小姐半身像》
Mlle Marcelle Lender en buste
私人收藏

  图卢兹-劳特累克从不为取悦他人而委曲求全地作画，因为家境优渥，他不必为了钱财而接受上流社会的肖像订单，自然也就没有上流社会肖像画家（有类画家往往为了生计接受客户的委托，因此作画时不得不抹去上流人物的真实个性）的负担。

  图卢兹-劳特累克笔下的肖像静谧平和，映射出了他与身边人的关系：他对母亲的敬重，以及他对几位年轻模特的一腔柔情（他爱上了她们，却从未打算为此冒险）。而图卢兹-劳特累克的讽刺画则体现了他冲动、热烈、绝无可能实现的欲望，这些欲望将他封印在自己的孤独中。从某种角度来看，图卢兹-劳特累克的作品便是他孤独的呐喊。

苏醒的面孔

劳特累克的故事

《法兰西喜剧院的亨利·萨马里先生》
Monsieur Henry Samary de la Comédie-Française

现收藏于法国巴黎奥赛美术馆

图卢兹-劳特累克通过生动热烈的画作表露了自己的性格，让人感觉他非常喜欢声色场所（他常常光顾这些地方）中的疯狂节奏。不过，他其实对戏剧也投入了很深的情感。正式通过戏剧，他喜欢上了粗俗的笑话和讥讽的手法，喜欢上了变装和游戏。图卢兹-劳特累克的喜好非常广泛，他是剧院的常客，不放过任何主题的演出。他既会去低级的酒馆，也会去高贵的法兰西喜剧院。两地演出的节目或许有所不同，但其中包含的元素却几乎如出一辙：变幻的灯光、面具、鬼脸、变装……在这幅画中，亨利·萨马里扮演的是拉乌尔·德·沃伯特，这是朱尔斯·桑多的喜剧《塞格利耶小姐》中的角色。

夜游者

Noctambulisme

在 19 世纪的巴黎，咖啡馆是社交生活中不可或缺的因素，甚至还有一种文化被称为"咖啡馆文化"。莱昂·多德曾将咖啡馆与沙龙进行对比，他说："咖啡馆带给我们精致的韦尔兰，以及伟大且纯正的莫里亚斯酒；而沙龙，好像只给我们带来了孟德斯鸠先生，以及无用滑稽的缪斯。"

咖啡馆是人们侃侃而谈的地方。这里是演讲的平台，是一个能让人一炮而红也可以令人声名毁于一旦的场所——在这一点上，咖啡馆的作用丝毫不逊色于欧内斯特·拉·尤内塞或让·洛

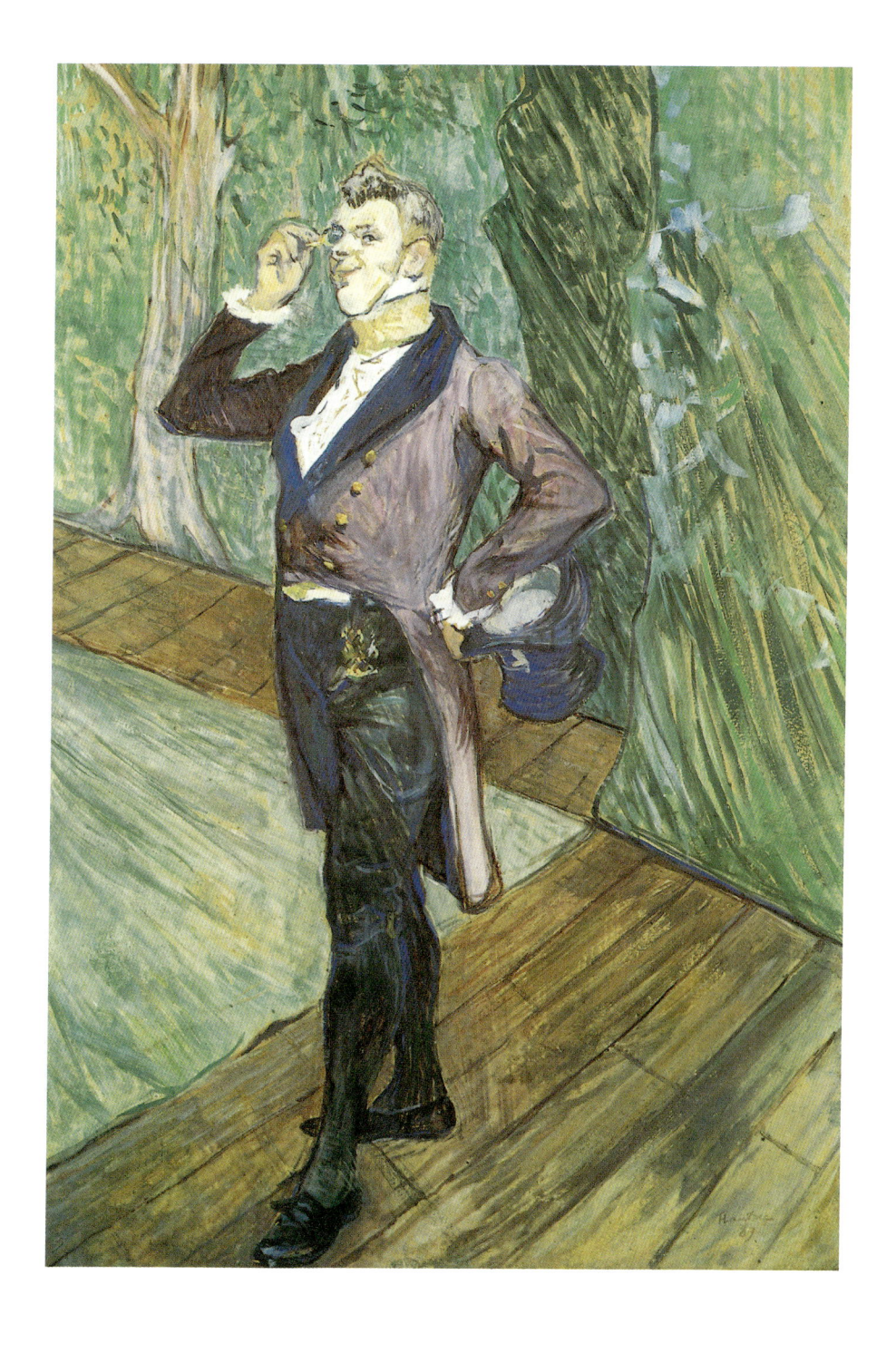

劳特累克的故事

兰等人（两人都是活跃于新闻业的作家，常会在报刊中发表真实且犀利的评价）。本文中所说的咖啡馆，是指坐落在林荫大道上，位于新闻编辑室和剧院休息室之间的午后咖啡馆。矛盾的是，这些咖啡馆既是聚会狂欢的场所，也是一片孤独的地带（如德加的《苦艾酒》、图卢兹–劳特累克的《在面包心咖啡馆》）。

夜游者

《在面包心咖啡馆》
A la Mie

现收藏于美国波士顿美术博物馆

图卢兹-劳特累克在专注于讽刺漫画之前，一度喜欢选取超脱于现实同时又映射现实瞬间的题材。这个时期的他尤其喜欢描绘大众眼中的巴黎，作品中全然没有后期的辛辣刻薄，只有四处停着小型敞篷车的巴黎，以及生活在这里的普通人。这幅画呈现了一男一女用餐结束后的场景，两人看起来脑海一片空白，一副百无聊赖的样子。用餐是印象派绘画的常见题材，画家们用不同的风格诠释这一题材：卡耶博特的冷淡傲慢、马奈的轻松优雅及雷诺阿的开朗愉悦（多描绘女性形象）。图卢兹-劳特累克走出自己的世界，进入大众的娱乐场所，饶有兴趣地探索其中的妙处，感悟真实的人间百态。由于太喜欢娱乐场所的气氛，图卢兹-劳特累克甚至曾经自己虚构场景，并让朋友莫里斯·吉尔贝尔在其中扮演工人的角色。他希望能够用这种有趣的方式，详尽地展示一个真实场景的全部元素——这类场景原本就很难在现场以写生的方式完成。

      图卢兹-劳特累克出身贵族，只是偶然地闯入画坛，并沉迷于巴黎的夜生活。按照他的性格，他当然更喜欢去咖啡馆，而不是去参加沙龙。上流社会的繁文缛节对他来说毫无吸引力，哪里比得上人群的狂欢和放纵。与传统咖啡馆相比，图卢兹-劳特累克更喜欢去那种带点粗俗意味的咖啡馆，在那里观察人们调情，甚至偷偷摸摸地进行色情交易。

《亨利·福尔卡德先生在剧院的舞会上》
Monsieur Henri Fourcade au bal de l'Opéra
现收藏于巴西圣保罗艺术博物馆

在这幅画中,亨利·福尔卡德先生身着上流社会的礼服,整个人略微前倾,仿佛要迈出画布。画中的背景是以高度概括、高度综合的手法画就的。在剧院幕后、门厅、休息室等私密的空间中,演员和观众混杂在一起,形成了一种清醒又动人的友善氛围。在经常光临剧院、不落下一场表演的所有老顾客之中,有一个逐梦者,他就是亨利·福尔卡德,他努力打破社会的禁忌,又很容易陷入声色犬马的夜生活之中。这也是整个社会的缩影。奥克塔夫·米尔博曾说:"如果我们对人物及其个性进行深入的研究,就会发现真实的、悲剧的及精神上的力量。"

  图卢兹-劳特累克极其厌恶日常生活的条条框框,因此,他对咖啡馆心醉神迷,他的感官渴望着肉欲。正如好友让·德·提南所说,在咖啡馆中,"我们可以同时接收到灯光的挑逗、音乐的震动、笑声的刺激、台上的演出、近乎色情的干扰及妓女的撩拨。她们轻浮、浓妆艳抹、恶香扑鼻,摆好了取悦客人的姿态"。

  图卢兹-劳特累克频频光顾咖啡馆,这几乎成了他生活中的固定事项。他是咖啡馆的最佳见证者和记录者,见证了咖啡馆里光影交错的欢快、低俗的慵懒,以及介于放纵和悲恸之间令人不安的气息。图卢兹-劳特累克作为一名旁观者,冷静地观察着这个混乱不堪、残酷焦虑的脆弱地带。

劳特累克的故事

《女小丑夏育考》
La Clownesse Cha-U-Kao
现收藏于法国巴黎奥赛美术馆

小丑的职业要求他们扭曲自己的身体，舍弃自己的美貌，挑衅自己的体面。图卢兹-劳特累克常会借助小丑的形象来表达深刻的焦虑和混乱，质疑社会所遵循的普世价值观。从某种意义上说，图卢兹-劳特累克是在通过艺术作品中的人物形象探寻生命的意义。

渎神的意义

Le sens du sacrilège

图卢兹-劳特累克常会一边观看演出，一边寻找想要描绘的对象：他们必定化着艳丽的妆容，粗鲁而挑衅地扭动着身躯。他之所以搜寻这样的人物，其实与他自己受伤的内心不无关系。他无情地看着社会价值的湮灭——这些价值观本是他的时代所引以为傲的，是他出身的贵族阶级所夸夸其谈的，也是资产阶级之所以能持续运作的依仗。

图卢兹-劳特累克对歌舞表演的兴趣远胜于传统戏剧，他拒绝林荫大道的条条框框，拒绝费多或拉比什笔下的荒谬，更喜欢由性格夸张、形象多样的人物组成的集合。无论是在动态的漫画中，还是在热闹的生活中，图卢兹-劳特累克都喜欢以这些人物为例，用生硬且不太连贯的节奏来呈现社会的空虚、怪癖和荒谬。其作品，无论是风格还是题材，都遵循着相同的轨迹，与他本人的个性紧密契合。我们可以透过作品中夸张的线条一窥画家的心绪。

尽管图卢兹-劳特累克并没有在作品中代入过多的情绪，但他还是会对自己笔下的人物抱着感同身受、满怀同情的友谊。19 世纪，各种协会、沙龙和俱乐部百花齐放。这一切都为后来的达达主义运动[53]（第一次世界大战期间）埋下了伏笔，推翻了以精湛的技艺和完整的宗旨为标志的"祝圣艺术"的概念。

53　译者按：达达主义（Dada）是一场兴起于一战时期的苏黎世，涉及视觉艺术、文学（主要是诗歌）、戏剧等领域的文艺运动。达达主义是 20 世纪西方文艺发展历程中的一个重要流派，是第一次世界大战颠覆、摧毁旧有欧洲社会和文化秩序的产物。

劳特累克的故事

《化妆间的女人》
Femme à sa toilette
私人收藏

化妆这一主题常会出现在图卢兹-劳特累克的作品中。他笔下的人物，无论是舞女、歌女、女小丑，还是风尘女子，都十分擅长化妆。在图卢兹-劳特累克的眼中，化妆间是一个充满淫邪意味的空间，其间的每个女人都在晃动着身躯，以期展现出自己最美的一面。图卢兹-劳特累克不爱描绘资产阶级的日常，认为他们过分讲究、过于严谨，仿佛将日常生活当作卫生检查，这样的题材在绘画中没有任何兴味可言（这也是卡耶博特和德加的想法）。

    图卢兹-劳特累克的艺术抱负使他无法仅仅满足于幽默、戏谑和贬低。其艺术作品充满了反叛精神，他并没有选择粉饰现实，反而对现实进行了无情（甚至残忍）的揭露。图卢兹-劳特累克反对掩盖真实的艺术，认为这种艺术呈现的景象是虚假的、虚幻的、脱离现实的，但自相矛盾的是，他对来源于幻想的戏剧表演却情有独钟。

    图卢兹-劳特累克尤其喜爱观看马戏团的演出，他从马戏表演中感受到了高超的技艺和振奋人心的欢乐。对于图卢兹-劳特累克对马戏团及小丑的喜爱，弗朗西斯·茹尔丹这样解读道："笑是一种亵渎的方式，亵渎了智慧、直觉和教养告诉我们的最为重要的东西，包括尊重常识与理性、纯真与青春、经历与衰老、美貌与爱情、人、真理，还有逻辑。"

    不过，图卢兹-劳特累克并没有沉溺于表演的热闹气氛，他无视令人兴奋的亮片和灯光，竭力捕捉演员粗俗的面孔和表情，以及令人感到"伤害"和"控诉"的光线。他笔下的人物总是举止怪异，像是令人惊愕的哑剧里的控诉者，有一丝亵渎神灵的意味。他的画简直是侮辱的弥撒，是堕落的仪式，是在狂欢的光芒辉耀上谱写死亡的、看似炫目的苍白。

    为描绘幻灭的精神，图卢兹-劳特累克重新走近了渎神的表演，和于斯曼斯一同加入了抨击的阵营和巴洛克的狂热之中，而同时代的古斯塔夫·科奎奥则充满了受悲观主义浸染的拉伯雷式的粗野。

有人曾如此评论道:"图卢兹-劳特累克笔下的女性是腐烂、溃败的。难道他想要把女性变成修道士奥东·克吕尼所唾骂的脓包吗?就像排泄物,甚至还比不上!脓包,我再说一遍,一些传播害人的梅毒的蛆虫罢了!除了这些酸胀的乳房,拜图卢兹-劳特累克的才华所赐,就没有另外一封更激昂的起诉书,来指控欲望的污秽和动物发情般的丑行吗?……是啊,谁可以重新直视图卢兹-劳特累克笔下的妓女,而不颤抖,而不从中看到所有的溃疡、看到杜普特伦博物馆中恐怖的女性毁灭者、看到煎熬的地狱?"

劳特累克的故事

《梅萨琳娜坐在宝座上》
Messaline assise sur un trône

私人收藏

继幕后和观众席之后,图卢兹-劳特累克开始将视线转移到舞台上。这是一幅戏剧场景图,画中人物盛装打扮,场景布置得当,打造了一个充满古风的隆重场合。图卢兹-劳特累克坐在台下观摩歌剧《梅萨琳娜》时,他的脑海中也许浮现出了一些更为震撼人心的版本,他肯定想到了阿尔弗雷德·雅里创作的《梅萨琳娜》以及女演员振聋发聩且怪异扭曲的台词——那是一个血腥的、令人发指的、巴洛克式的梅萨琳娜。

《梅萨琳娜》
Messaline

I

图卢兹-劳特累克在波尔多逗留期间,常会去市政歌剧院观看演出,如《美人艾莲娜》(奥芬巴赫·阿莱维)和《梅萨琳娜》(阿曼德·西尔维斯特、欧仁·莫兰和音乐家伊西多尔·拉罗)。这些场面华丽且盛大的演出将柯西特小姐和提雷瑟·甘纳丰腴的身材展现得淋漓尽致。

根据这些演出,图卢兹-劳特累克创作了一系列画风厚重、构图正统的速写和油画。相较于早期的作品,这些作品中的场景比往常更加黑暗、更加令人不安,仿佛在人物的耻辱和不堪上铺上了一条染血的红毯。图卢兹-劳特累克从戏剧中汲取灵感,借鉴了戏剧中的场景,采取有利于塑造图案的倾斜光线,这种表现手法与德加非常相似。

画家们往往对古代的大人物心向往之。尽管在创作之前需要进行不少背景研究,但他们的创作大多并非基于对史实的关注,而是基于戏剧中的传奇故事,如东方人令人难以置信的辉煌、罗马传统的暴力和残酷、一些历史风云人物的荒淫无度……戏剧为画家们提供了大量近乎疯狂的素材,如刺杀、弑父、弑母、杀婴、通奸、犯罪的丈夫以及专制且暴戾无常的篡位者。

《梅萨琳娜》

劳特累克的故事

《柯西特小姐》
Mlle Cocyte

现收藏于法国阿尔比图卢兹-劳特累克博物馆

柯西特小姐扮演的是歌剧《美人艾莲娜》中的艾莲娜·德·特瓦。这部歌剧由奥芬巴赫作曲。1864 年，奥芬巴赫曾在巴黎的首映礼上重新扮演了荷尔坦斯·施耐德的角色。柯西特小姐的相貌也许不那么令人惊艳，但她的歌唱水平极高。其实，她丰满的外形与人们想象中的女主角并不相符，但她的歌声证明了她是当之无愧的女主角。演出结束后，公众给予了柯西特小姐极高的评价，"作为歌手，她拥有难得一遇的声音和可爱的才华；作为女演员，她聪明且善于应变"。图卢兹-劳特累克认为这个"淘气又丰满的女性"形象非常有趣。歌剧《美人艾莲娜》并不追求还原史实，旨在呈现一场与众不同的演出，同时十分关注音乐的表现，因此要求演员不仅具备优秀的演技，还要有高超的歌技。

图卢兹-劳特累克作品中的人物身材极度膨胀，简直像怪物一般。他喜欢在华丽的场景中释放邪恶的力量，描绘令人浮想联翩的诱惑场景。不得不说，他的作品也是我们内心隐藏的一切恐怖的镜子。

与钟爱的讽刺漫画不同，在创作历史画时，图卢兹-劳特累克不再采用粗犷激进的手法，而是对空间和光线进行了细致的处理。这类作品是饱满的、厚重的，充满了悲剧的宏大气魄（与画家早期的作品风格截然不同）。图卢兹-劳特累克始终坚信，画家的使命是在人类的悲惨处境中凸显人性，因此他一直对风景画不屑一顾。

热内·休伊格[54]认为，尽管图卢兹-劳特累克的艺术源于以马奈和德加为代表的印象派绘画，但"他还是更注重对社会的观察，而非对风景的描绘"。当然，图卢兹-劳特累克与印象派有着共同的愿景，即记录进行中的生活，这与波德莱尔的梦想相契合——后者认为康斯坦丁·居伊[55]做到了这一点。

图卢兹-劳特累克一贯冷眼看待同时代的人，这样的基调当然也延续到了他的历史画中。他在各个世纪之间、在文化和历史情节之间架起了一座桥梁，以现代的眼光来看待传奇的历史，挖掘改变人类命运（包括在历史上留下痕迹的所有人物）的所有可悲的丑陋。固然，图卢兹-劳特累克笔下的人物可能是骄傲而叛逆的女性，但他的作品似乎永远都散发着残酷的悲剧力量。通过梅萨琳娜这一人物，图卢兹-劳特累克开拓了一种从未尝试过的全新风格，在作品中为人类敲响丧钟。一个世纪后，弗朗西斯·培根将重拾图卢兹-劳特累克的这一创作追求。

《梅萨琳娜》

54 译者按:热内·休伊格(René Huyghe,1906 年 5 月 3 日—1997 年 2 月 5 日),法国艺术史学家、心理学家和哲学家,也是卢浮宫绘画系的策展人。

55 译者按:康斯坦丁·居伊(Constantine Guys,1802 年 12 月 3 日—1892 年 3 月 13 日),水彩画家和插画家,被波德莱尔称为"现代生活的画家"。

劳特累克的故事

《勒阿弗尔的英国女星》（又名《多莉小姐》）
L'Anglaise du Star, au Havre (Miss Dolly)
现收藏于法国阿尔比图卢兹-劳特累克博物馆

这幅画的原型是图卢兹-劳特累克在勒阿弗尔到波尔多的货轮上邂逅的女乘客。图卢兹-劳特累克将女乘客当作一个理想化的人物，当作他最亲切、最秘密的回忆，对她满怀温柔。画家描绘的似乎不是一个偶然遇到的陌生人，而是一个无法接近的、纯粹虚幻的梦，能得到画家这样对待的女性寥寥无几，除了这名女乘客，只有米西亚、红发女和制帽女工。

孤独的时光

Le temps des solitudes

I

    艺术的发展日新月异，无论是艺术理论、艺术流派还是艺术作品都在一个公认的价值等级中寻找自己的定位。艺术从来都不是纸醉金迷、混乱无序的生活的幌子。艺术理念的传播，以及艺术流派（主要是印象派）的形成，常常发生在咖啡馆里。可以说，咖啡馆是19世纪末文化生活的重要场所。

    在咖啡馆中，政治家、画家及文学家找到了自己的听众。一群艺术家以自然主义之名，在精神领袖画家库尔贝及艺术评论家尚弗勒里的带领下汇聚在咖啡馆中畅所欲言。这群革命派艺术家留下了许多传奇，并小心翼翼地用画笔将这些经典的瞬间保留了下来。

    比起画室，咖啡馆更加开放，是一个包容的互动场所，吸引了不同阶层的人群（如普鲁斯特笔下的埃尔斯蒂尔就常会出现在咖啡馆，该人物的原型很可能是莫奈、布兰奇、德加等画家的混合体），打破了社会的壁垒。更重要的是，咖啡馆是动态言语的强大推动者，它以激昂的方式对艺术和政治进行了瓦解和重组。在画家眼中，咖啡馆无关权力欲望，而是发声的平台及革命的工具。

    政治理论往往诞生于资产阶级的沙龙中，而革命则大多发起于咖啡馆。可见，咖啡馆是人类原始冲动的引擎。在咖啡馆里，在咖啡和酒精的浸染下，文字不再那么追求完整性。觥筹交错中，

文字被赋予了一种非理性的维度。正因为这种非理性的特质，比起小说和散文，咖啡馆孕育了更多的诗歌。由此可见，咖啡馆在19世纪末画家和诗人的生活中占据着至关重要的地位。无论是对文艺理论的树立，还是对友谊纽带的联结，抑或是对由此而来的融合，咖啡馆都起到了不可替代的作用。

　　如果要问图卢兹-劳特累克的政治倾向的话，鉴于他出身阶级的传统，他应该是支持君主制的（正如他的家族一样）。他也曾见证社会动荡，如1870年的第二次工业革命，但是面对这些高喊口号、高举保护者的旗号、一夜之间成为烟气缭绕的咖啡馆的热点话题的所谓"运动"，图卢兹-劳特累克并没有打算投出支持的一票。说到咖啡馆，是它们（如盖布瓦咖啡馆和新雅典咖啡馆）孕育和启发了印象派。诗歌似乎也需要咖啡馆作为共鸣箱。人们在咖啡馆里见面交谈，戴着各式各样的配饰参加聚会。有些咖啡馆坐落在魏尔伦常常光顾的拉丁区，也有些坐落在氛围更加天真、更加躁动也可以更加坦率地谈及性爱的蒙马特（如日本沙发咖啡馆和黑猫咖啡馆）。如果说罗马街的马拉美沙龙是现代诗歌的实验中心，那么咖啡馆则是诗歌的加工厂及宣发地，许多诗歌在咖啡馆经过反复打磨后又由流浪艺术家传唱开来。

劳特累克的故事

《医学院的考试》
Un Examen à la faculté de Médecine
现收藏于法国阿尔比图卢兹-劳特累克博物馆

在表兄弟加布里埃尔·塔皮埃的推介之下，图卢兹-劳特累克走进了医学界。由于先天不足，还有嗜酒等问题，图卢兹-劳特累克一直身体不佳，长期与一些医生保持联系，因此他对医生这一职业非常熟悉。在这幅画中，图卢兹-劳特累克描绘了一场严肃的医学考试，与他平常的创作风格相去甚远。这是他为创作学院派的严谨绘画所做的一次尝试。他曾一度逃避这类绘画，也曾与这类风格格格不入。在这幅画中，图卢兹-劳特累克展现了杜米埃招牌的戏剧化光线，同时让人不禁联想到法国野兽派画家鲁奥笔下的人物。

    图卢兹-劳特累克对沙龙展无动于衷（如果不是他的贵族姓氏，沙龙的人也压根就看不见他），他更喜欢穿梭在各种娱乐场所之中寻欢作乐。不过，他爱去的不是资产阶级光顾的那类咖啡馆，也不是魏尔伦、卡耶博特、马奈等人常去的那一些；他更喜欢踏足社会的边缘地带——游移此间的人们沉醉在声色犬马的生活里，将家庭伦理抛之脑后。图卢兹-劳特累克之所以喜欢光顾这些场所，有个坦荡的目的，就是为了性。所谓诗歌，它并不是基于诗歌本身的文字发展起来的，相反，它毫不犹豫地在污秽的场所里汲取灵感。"世纪末"的诗歌离不开对罪恶的渴望。

    图卢兹-劳特累克并没有加入哪一场声势浩大的运动，也不主张任何思想和理论。他只是在他生活的地方，在一个无聊浮躁、痛苦又充满挑逗的圈子里担任一个画家的角色。最终，图卢兹-劳特累克选择回到自己的世界，体味孤独的痛苦。他的孤独是一个由衷地喜欢生活（即便是放纵的生活）的人的孤独。

孤独的时光

19世纪末是一个神奇的年代,各路思潮崛起、艺术先驱纷纷破旧立新的,诞生了一批伟大而孤独的冒险家,如兰波、洛特雷阿蒙、高更、凡·高,当然还有图卢兹-劳特累克。在浪漫主义时代,创作者是如此悲惨、伟大和孤独。他们寻找、庆祝失落者的灵魂,放大他们的痛苦,为他们的煎熬而呐喊。而"世纪末"创作者的孤独则完全不同,它源自革新。孤独令那些带着诅咒的烙印的人闪闪发光。诅咒啊,总是伴随着历史上每一场被认为会将平静的社会卷入危机的革新和"动荡"。

劳特累克的故事

《莫里斯·茹瓦扬在索姆湾的画像》
Portrait de Maurice Joyant en baie de Somme

现收藏于法国阿尔比图卢兹-劳特累克博物馆

莫里斯·茹瓦扬（1865年—1930年）与图卢兹-劳特累克是在孔多塞高中读书期间认识的。他们建立了长达一生的友谊。茹瓦扬出身于优渥的资产阶级家庭，然而，他放弃了高级管理职位，受聘于艺术经纪人古皮尔，负责《图说巴黎》的出版。后来，茹瓦扬接替提奥在蒙马特林荫大道的分部任职，负责安保工作，服务对象是他热爱的艺术界人士（主要是印象派画家），还有他的挚友图卢兹-劳特累克。图卢兹-劳特累克嗜酒，茹瓦扬自然而然变成了他最值得信任的守卫者。图卢兹-劳特累克去世后，茹瓦扬接管了这位朋友的作品整理工作，并在图卢兹-劳特累克家人（包括母亲）的支持下，于1922年在法国阿尔比建立了图卢兹-劳特累克博物馆。

每个时代都有所谓的主流艺术。而孤独的创作者对此不屑一顾，他们渴望书写自己命运的人，一生都在奋力挣脱令人感到安全的轨道，逃离削弱人虚拟的理想主义潜力的陈规旧俗，撼动既定的秩序。只有政治上的冒险才能集结那些始终坚守同一原则的人，艺术创作通常被认为只是生活的装饰品，是一种单纯的奢侈和愉悦感，难以从写实性往更具抱负的使命进一步升华。

当这个社会在表决一项承诺给它一个"更好的未来"的决议时，更容易抛弃艺术或文学创作的革新者，因为艺术的革新者对"更好的未来"这一追求是陌生的。艺术更将倾向于内化对世界的理解，并使人类重新陷入威胁着他的孤独之中。

图卢兹-劳特累克的孤独是他命运的一部分：贵族和残疾人，这两个身份都令他与人群格格不入。然而，只要他一感到自己可能会被孤立，他就比其他人更加用力地放纵、娱乐、引诱，更加慷慨、渴望参与、寻求交往。

图卢兹-劳特累克的不少同侪自视甚高，自恃有着高贵姓氏及社会地位，经济也颇为宽裕，因此有内心有一种莫名的优越感。而图卢兹-劳特累克则不同，他对那些看上去跟他绝无可能有交集的人表露出无限的仁慈，意欲打破世俗的隔阂。于是，他闯入了一片充满生机的地带，在这里，每个生命都可以无拘无束地表达自我，不必理会习俗。对图卢兹-劳特累克而言，与其出身于贵族阶级，却不得不强迫自己忘记这一切，他更羡慕普罗大众的人生。

孤独的时光

劳特累克的故事

《马塞尔·兰登在希尔佩里克跳波莱罗舞》
Marcelle Lender dansant le boléro dans Chilpéric
现收藏于美国华盛顿国家美术馆,由贝西·库欣·惠特尼捐赠

图卢兹-劳特累克爱好戏剧,曾与卢涅·波耶的名家剧院合作过一些剧目。不过,他还是经常光顾林荫大道上的剧院,包括体操馆剧院、歌舞剧剧院、文艺复兴剧院、雅典娜剧院、新兴剧院等。和德加一样,图卢兹-劳特累克也常会在剧院后台出没,勾勒演员以及穿梭在奢华与挑逗之间的观众。为观摩马塞尔·兰登的表演,他曾看了二十多次希尔佩里克的专场演出。最终,图卢兹-劳特累克为兰登创作出了这幅色彩艳丽、节奏疯狂的画作。这幅肖像画出了女演员脱离角色后真实的自己,她仿佛飘浮在现实的空间之上。马塞尔·兰登(1862年—1926年)的真名为安娜·玛丽·马塞尔·巴斯蒂安,她在体操馆剧院出道,后跟随科奎林前往美国。图卢兹-劳特累克认为兰登的表演"令人眼前一亮"。

口诛笔伐

Sous les feux de la critique

图卢兹-劳特累克的家庭背景及不走寻常路的创作方式(他并不是19世纪的人们司空见惯的画家形象)让他常常遭遇外界的不解及质疑。生前,图卢兹-劳特累克放荡形骸、酗酒且在疗养院待过一段时间,这一切都导致了他于20世纪的第一年离开人世之后,外界开始大肆臆想他的人生,渲染他极端的边缘份子形象。人们忽视了图卢兹-劳特累克的艺术成果,只聚焦于他的私生活。

巴拉农关注到了这一点,并一直试图控制评论界的愤怒:"因为图卢兹-劳特累克矮小、丑陋、矛盾,所以一向习惯以貌取人的莽撞的巴黎人便对他形成一个简化的概念(仿佛在做图表一般),将他囚禁在程式化的脚本中。侏儒、矮人、蒙马特的流浪艺术家,这些词汇在编纂者笔下屡见不鲜。可是,他们只关注了这个不为世人所了解的、身体畸形的图卢兹-劳特累克的一方面。实际上,图卢兹-劳特累克尽管经历了如此多的苦难,但他的内心却和出生时一样高尚。"

细数外人对图卢兹-劳特累克的评说，仿佛一部人间喜剧，从怜悯的虚伪到强烈的仇恨，无所不有。有人感叹道："啊！图卢兹-劳特累克这个幸运儿！我们可以非常公平地说，尽管他遭受了不少磨难，却也品尝到了治愈的幸福。在经历了令他几近崩溃的不幸之后（他像大多数人一样熬过来了），现在，他终于可以理所应当地享受完全的疯狂带来的神圣的虚无。"

　　也有人将图卢兹-劳特累克说成"无理由地做刻毒之事"的孤僻者。如儒梅勒（并非实名）就断言"图卢兹-劳特累克是一个怪异而伪劣的存在，他总是透过自己生理上的痛苦来看别人。他在马戏团、赌场、舞会这样的地方寻找题材，这都是些什么地方？邪恶扭曲了人的面孔，令人的心灵感到疲倦，

劳特累克的故事

每个人脸上都写着灵魂的丑陋。"此外,也有看似敬重他的人不忘提醒道:"他能出版大部分的石版画,并获得艺术界的好评,都是因为他显赫的家世及家人的帮助。各大报纸煞有其事地将他比作戈雅[56],这就是令他迷失的原因。"还有些人对图卢兹-劳特累克从艺的深层动机另有一番推测:"图卢兹-劳特累克的艺术,是一个饱受生命之苦且怀着复仇之心的人的艺术。从他的习作就可以看出来:他刻画畸形,表露邪恶,鞭笞愚蠢。他的作品都是一些过于真实、令人不安的讽刺画。我们不得不忍受他作品中丑态毕露的人物的表演。他笔下的人物大多都是他在大众酒吧和外面大街上的低级酒馆里遇到的。"

当然,在这些其实是令说话人自己蒙羞的言论之外,也渐渐地形成了另一种更加严肃的观念,人们开始认真思索"图卢兹-劳特累克现象",并将他放在整个绘画史中来解读,视之为"不走传统道路"的先驱。不少人将图卢兹-劳特累克视为戈雅的继承者,或认为他与康斯坦丁·居伊和保罗·加尔瓦尼一脉相承。居伊和加尔瓦尼也都是他们那个时代毫不留情的记录者。不过,图卢兹-劳特累克的独到之处在于,他赋予了作品一种颠覆权威的基调,以及犹未有人理解的力量。

艺术史学家亨利·福西永并不关注图卢兹-劳特累克私生活的轶事和传闻,而是聚焦他的作品。福西永指出:"图卢兹-劳特累克,首先,并且最重要的是,他代表着'形式'的某种定义。

《先生、女士和狗》
Monsieur, Madame et le chien
现收藏于法国阿尔比图卢兹-劳特累克博物馆

这幅画不禁让人联想到另一位画家杜米埃，他常会描绘这种怪诞而自我满足的小资产阶级，展现其日常生活的可笑，没有未来，也没有想象可言。图卢兹-劳特累克在这幅画中的观察不带任何痛苦或暴力，无比清醒。这也是图卢兹-劳特累克绘画的一种风格，只不过他并未将其发展起来罢了。

他属于这样一个精神家庭，对他来说，生命的形式和生存的力量其实是一种加密的语言、充满最具诗意的秘密。"还有人注意到了图卢兹-劳特累克强烈的好奇心，以及他对绘画的激情："这一切来自一种痛苦的、压抑的敏感，这种敏感试图通过一切方式征服他的自由。"另一番评论则表述得更为直接："在这样的土壤中诞生的艺术，作为一种逃脱的尝试来说，是悲剧性的。"

可以说，图卢兹-劳特累克再现了"一种超越现实的塑形的真理。哪怕是他的习作，他也只保留'重建'的要素，这样的重建比细致的观察更加贴近生活。也许，他最热爱的海报是最能体现他的世界观的艺术形式，因为海报是一门脱离现实去寻求更富有意义的等同物的艺术"。图卢兹-劳特累克一只脚踏进了艺术概念的新时代。在整个 20 世纪，人们一直在继续图卢兹-劳特累克的探索之路，继续他的选择。

56 译者按：弗朗西斯科·何塞·德·戈雅-卢西恩特斯（Francisco José de Goya y Lucientes，1746 年 3 月 30 日—1828 年 4 月 15 日），西班牙浪漫主义画派画家，也是西班牙皇室的宫廷画家。

《初领圣体日》
Le Jour de la première communion
现收藏于法国图卢兹奥古斯丁博物馆

这幅画中的男性人物原型是戈兹。他回忆说："当图卢兹-劳特累克的模特是一种乐趣。他不是个吹毛求疵的人，也从不要求我一动不动。我们聊着天儿，时间很快就在愉悦的空当里过去了，伴随着他出人意料的快活、俏皮的话语，还有他的幽默。"戈兹清楚记得这幅作品是"用一天时间"完成的。初领圣体的仪式原本笼罩着一层虔诚凝重的氛围，但图卢兹-劳特累克却采用了一种充满随意感的讽刺手法来表现这一主题。

末章
Finale

1901年，图卢兹-劳特累克去世。他撑过了19世纪的最后一年，却没有继续活下来。图卢兹-劳特累克代表了巴黎"世纪末"的纵欲一代（从休·雷贝尔开始到让·德·提南结束）。他是19世纪歌颂"爱"的群体中的一员，他们（从保罗-让·图雷[57]到卡蒂尔·孟戴斯[58]）来自不同的世界，在即将终结的世纪诱人的篝火中奋力地燃烧着，在欲望和无助之间，用尽身体的每一分力气、用尽每一分才华来诉说自己。他们都是没落时代的伟人。

图卢兹-劳特累克出生于一个充满斗志的家族，身上流着战争的血统，他其实更像是一个征服者。他忘记自己身体的缺陷，一面凸显女性强烈的吸引力，一面刻画女性受到的暴烈的、毁灭性的伤，透过女性形象书写人类灵魂的卑鄙。他充满渴求，又饱受折磨，即便不在"伤心人"的行列（如图雷和德·提南），也是人群中饱受欲望折磨者中的一员（如卡蒂尔·孟戴斯和休·雷贝尔）。

临终前，图卢兹-劳特累克只能疲倦地依附在他骄傲而无畏的过往之上。他的内心是矛盾且挣扎的。他注定只能在放荡和谩骂中度过不幸的一生——他对谩骂满不在乎，用放浪形骸来武装自己。他是饱受诟病的画家中的一员，但他最终也成了一个传奇，令人们不知疲倦地编纂与他的真实人生不甚相符的轶事。在艺术世界中，图卢兹-劳特累克是当之无愧的先驱。他把艺术作为武器，揭开资产阶级繁文缛节之下的真实面目，控诉肉体带来的灾难。他剖析女性，直抵她们痛苦的灵魂深处。对他来说，女性是邪恶的动物，也是美味的诱饵。此外，图卢兹-劳特累克还将暴力带进了艺术，通过画作发泄自己的情绪，以寻求一种身份的认同。

在图卢兹-劳特累克竭尽生命最后的力气的那一刻,在他的身体最终死亡的那一刻,他的艺术超越了极限,见证了一个时代,也为后世的无数艺术家提供了灵感,成了艺术的新源泉。直至今天,图卢兹-劳特累克仍与我们同在。

57　译者按:保罗-让·图雷(Paul-Jean Toulet,1867 年 6 月 5 日—1920 年 9 月 6 日),法国诗人、小说家和作家。

58　译者按:卡蒂尔·孟戴斯(Catulle Mendès,1841 年 5 月 21 日—1909 年 2 月 8 日),法国诗人和文学家。

劳特累克的故事

年表

Chronologie

1864 年： 11 月 24 日，图卢兹-劳特累克出生于阿尔比（马日街道 14 号街，在家族的酒店里），全名为亨利·玛丽·雷蒙·图卢兹-劳特累克·蒙法，父亲是阿方斯·查理·让·玛丽伯爵，母亲是阿黛尔·祖埃·玛丽·马凯特伯爵夫人（出生在塞莱兰的塔皮埃家，是丈夫的表妹）。图卢兹是一个古老的家族，其血统可追溯到图卢兹的王室伯爵，祖先曾与教皇英诺森三世、国王路易八世和可怕的西蒙·德·蒙福尔作战，西蒙·德·蒙福尔曾率领一支十字军攻打阿尔比军（清洁派教徒）。阿方斯·德·图卢兹-劳特累克是一名狂热而傲慢的狩猎爱好者，他的妻子怀着小亨利的时候，他正率领大队的猎犬和随从驰骋在他的领地上（劳里·奥·布瓦省、诺伊维尔·奥·布瓦省以及在卢瓦雷省等）。正是在这里，亨利 1867 年出生的弟弟理查德于 1868 年夭折。第一届工人国际基金会成立；弗兰德兰、霍桑、梅耶贝尔逝世。达维乌德《夏特莱广场上的剧院》、梅索尼埃《1814》、柯罗《莫尔特枫丹的回忆》、方丹-拉图尔《祭奠德拉克洛瓦》、古诺《米蕾耶》、奥芬巴赫《美人艾莲娜》、拉比什《小金库》、艾克曼-夏特良《友人弗里茨》面世。

1865 年： 美国废除奴隶制；孟德尔首次提出遗传因子的分离和自由组合规律。德加《奥尔良市的不幸》、古斯塔夫·莫罗《拿着俄耳甫斯头颅的色雷斯女孩》、库尔贝《蒲鲁东》、马奈《奥林匹亚》、莫奈《草地上的午餐》、韦斯特勒《白皮肤的小女孩》、龚古尔《杰米尼·拉赛尔多》、儒勒·凡尔纳《从地球到月球》面世。

1866 年： 普鲁士在萨多瓦取得胜利。卡尔波《弗洛尔的胜利》、库尔贝《睡眠》、马奈《短笛》、巴齐耶《全家团聚》、奥芬巴赫《巴黎人的生活》、思梅塔纳《被卖掉的未婚妻》、魏尔伦《犹豫的诗歌》、维克多·雨果《海上劳工》、陀思妥耶夫斯基《罪与罚》、斯文本《诗歌与民谣》面世。

1867 年： 墨西哥皇帝马克西米利安一世被枪决；法国军队占领了罗马；希特尔夫、安格尔、西奥多·卢梭与波德莱尔逝世；巴黎肖蒙山丘公园建立；巴塔尔圣奥古斯丁教堂建立。莫奈《花园里的女人》、卡尔波《杜伊勒里宫的扮装舞会》、奥芬巴赫《热罗尔斯坦的大公爵夫人》、圣-桑《五重奏》、威尔第《唐·卡洛斯》、马拉美《希罗狄亚德》、米什莱《法国史》、易卜生《培尔·金特》面世。

1868 年： 布鲁塞尔自由美术协会成立；拉布鲁斯特国家图书馆的阅览室建立。罗西尼逝世。马奈《埃米尔·左拉的肖像》、德加《芭蕾舞剧〈源泉〉中的菲奥克尔小姐》、左拉《黛莱丝·拉甘》、阿方斯·都德《小东西》、波德莱尔《美学珍玩》面世。

1869 年： 梵蒂冈举行第一届大公会议；苏伊士运河开通；韦特、柏辽兹、拉马丁、圣伯夫逝世。卡尔波《舞蹈》、莫奈《蛙塘》、雷诺阿《蛙塘》、波罗丁《伊戈尔王子》、魏尔伦《求爱派对》、洛特雷阿蒙《马尔多罗之歌》、福楼拜《情感教育》、都德《磨坊简书》、托尔斯泰《战争与和平》面世。

1870 年： 战争期间，图卢兹-劳特累克一家逃往家族所有的博斯克城堡避难。法德战争；第三共和国成立；意大利定都罗马。巴齐耶、狄更斯、大仲马、儒勒·德·龚古尔、梅里美、洛特雷阿蒙逝世。方丹-拉图尔《巴迪侬的画室》、塞尚《黑色大理石时钟》、毕沙罗《路维希安的风光》、杜帕克《旅行邀约》、魏尔伦《美好的歌》、马拉美《让我们欢乐吧》、丹纳《论智力》面世。左拉开始创作"卢贡-马卡尔家族"长篇小说系列。

1871 年： 德国战胜法国；巴黎公社成立；威廉一世就任德国皇帝。蒙蒂塞利《蒂塞雷夫人》、布雷斯丁《阿卡雄的鬼屋》、柯罗《杜埃钟楼》、威尔第《爱达》、兰波《醉舟》面世。

劳特累克的故事

1872 年： 瓦杜耶、泰奥菲尔·哥提耶逝世。瓦杜耶《马赛大教堂》、博桑《里昂大教堂》、方丹-拉图尔《餐桌边》、德加《花瓶旁边的女人》、比才《阿莱城的姑娘》、科佩《谦卑者》、都德《塔拉斯孔城的达达兰》、戴鲁莱德《士兵之歌》面世。

1873 年： 图卢兹-劳特累克一家迁居巴黎，住进布瓦西-丹格拉斯路 35 号热提洛城佩里酒店。图卢兹-劳特累克入读勒阿弗尔街的孔多塞高中。法国君主制复辟失败；西班牙共和国宣布成立；里卡德与曼佐尼逝世。马奈《铁路》、塞尚《自缢者之家》、莫里索《摇篮》、拉洛《西班牙交响曲》、查理·克罗斯《檀香木盒》、兰波《地狱一季》、科比埃尔《黄色爱恋》、左拉《巴黎之腹》面世。

1874 年： 巴尔塔、米什莱逝世。第一届印象派展览举办。卡尔波《世界的四个部分》、弗雷米耶《圣女贞德》、柯罗《蓝色衣服的女士》、马奈《阿让特伊·在船上》、瓦格纳《尼伯龙根之戒》、比才《卡门》、威尔第《安魂曲》、雨果《九十三》、巴贝尔·多尔维利《魔怪集》、登内里《两个孤儿》面世。

1875 年： 拉布鲁斯特、巴里、卡尔波、米勒、柯罗、比才逝世。让-保罗·劳伦斯《虔诚者罗贝尔二世之绝罚》、德·尼蒂斯《雨后的协和广场》、伯恩-琼斯《英仙座的周期》、圣-桑《骷髅之舞》、兰波《彩图集》、左拉《莫雷教父的过失》面世。

1876 年： 贝尔发明电话。迪亚兹、乔治·桑、弗罗芒坦逝世。阿巴迪《巴黎圣心教堂》、古斯塔夫·莫罗《幻影》、雷诺阿《煎饼磨坊的舞会》、西斯莱《马利港的塞纳河》、柴可夫斯基《天鹅湖》、马拉美《牧神的午后》、让·黎施潘《穷途潦倒之歌》、雷南《上城的祈祷》、杜朗蒂《新派绘画》面世。

1877 年： 法属刚果萨沃尼昂·德·布拉柴统治时期；印度殖民时期；爱迪生发明留声机；蒂耶尔、库尔贝逝世。罗丹《青铜时代》、巴斯蒂昂-勒帕热《干草》、德加《大使们》、圣-萨昂《桑松与达利拉》、雨果《历代传说》、福楼拜《三故事》、左拉《刺客》、都德《阔佬》、托尔斯泰《安娜·卡列尼娜》面世。

1878 年： 图卢兹-劳特累克摔倒，左腿骨折。杜比尼、克劳德·贝尔纳逝世。马奈《卖啤酒的女侍》、热尔韦《罗拉》、吕克-奥利维耶·默森《古比奥之狼》、迪雷《印象派画家》面世。

1879 年： 图卢兹-劳特累克再次摔倒，右腿骨折，外加先天不足，导致腿部停止发育。儒勒·葛斯德创建法国工人党。维奥莱公爵、普列奥尔、杜米埃、托马斯·库图尔逝世。达鲁《共和国的胜利》、雷东《在梦中》、纳达尔《艾伦·安德烈》、拉洛《伊斯国王》、于斯曼《瓦塔姐妹》、洛蒂《阿齐亚德》、

易卜生《玩偶之家》、斯特林堡《红房间》面世。

1880 年： 图卢兹-劳特累克因病先后在尼斯、比利牛斯山巴雷日、拉马卢莱班、以及家族在阿尔比和塞莱兰的宅邸静养。法国驱逐耶稣会士；奥芬巴赫、乔治·艾略特、福楼拜逝世；勒夫买下卢浮宫作品；装饰艺术博物馆建立。巴托尔迪《贝尔福狮像》、柯罗蒙《该隐》、罗尔《矿工罢工》、奥芬巴赫《霍夫曼的故事》、马勒《旅人之歌》第一首、波罗丁《在中亚的草原上》、魏尔伦《智慧》、洛蒂《洛蒂的婚姻》、莫泊桑《羊脂球》、陀思妥耶夫斯基《卡拉马佐夫兄弟》、作品合辑《梅塘之夜》面世。

1881 年： 突尼斯成为法国的殖民地；亚历山大二世在俄罗斯被暗杀；巴拿马运河动工。穆索尔斯基、陀思妥耶夫斯基逝世。马奈《女神游乐厅的吧台》、雷诺阿《划船者的午餐》、雷东《微笑的蜘蛛》、马斯奈《希罗狄亚德》、夏布里埃《诗意的篇章》、拉罗《纳姆纳》、儒勒·瓦莱斯《单身汉》、阿纳托尔·法朗士《希尔维斯特·波纳尔的罪行》、莫泊桑《乡间一日》、于斯曼《同居生活》面世。

1882 年： 图卢兹-劳特累克跟随父亲的朋友、动物画家热内·普林斯托上启蒙绘画课，普林斯托的画室位于法布尔圣奥诺雷街 233 号。图卢兹-劳特累克在这里遇到了画马专家约翰·路易·布朗，以及在隔壁拥有一间画室的让-路易·弗朗。埃及殖民时期开始；安德列斯库、爱默生、罗塞蒂逝世。巴鲁和德佩尔特设计巴黎城酒店；瓦洛特设计柏林的德国国会大厦；勒米特《收割者的工资》、罗尔《7 月 14 日国庆节》、瓦格纳《帕西法尔》、亨利·贝克《乌鸦》、乔治·奥内《冶金厂主》、邓南遮《新歌》、丹纳《艺术哲学》面世。

1882 年—1883 年： 图卢兹-劳特累克进入博纳的画室习画，不久该画室关闭；之后图卢兹-劳特累克又到柯罗蒙的画室学习，并在画室遇到了埃米尔·伯纳德、路易·安奎丁、弗朗索瓦·戈兹、查尔斯·拉瓦尔和凡·高。

1883 年： 马达加斯加成为法国的殖民地；古斯塔夫·多雷、马奈、瓦格纳、马克思、屠格涅夫逝世。雷东《幻影》、詹姆斯·恩索尔《面具》、克莱曼《拉克美》、莫泊桑《一生》、维利耶·德·利尔-阿达姆《残酷故事》、保罗·布尔格《当代心理学随记》、邓南遮《间奏曲》、罗伯特-路易斯·史蒂文森《金银岛》面世。

1884 年： 图卢兹-劳特累克与朋友热内·葛尔涅同住在枫丹街 19 栋（德加的画室也在这里）；当时热内·葛尔涅刚刚与少女莉莉结婚，图卢兹-劳特累克后来为莉莉创作了许多

劳特累克的故事

画像。第一辆电车开通；刚果进入比利时国王统治时期；斯美塔与巴斯蒂昂-勒帕热逝世。埃菲尔设计加拉比高架桥。修拉《阿尼埃尔浴场》、罗普斯《圣安东尼的诱惑》、马斯奈《曼侬》、德彪西《幽灵》、莫里亚斯《流沙集》、都德《萨芙》、于斯曼《逆流》、魏尔伦《从前与不久前》、保罗·布尔热《众神的傍晚》、蒙特潘《拿面包的女人》、易卜生《野鸭》面世。

1885 年： 巴斯德发明狂犬疫苗；雨果、儒勒·瓦莱斯逝世。方丹-拉图尔《钢琴旁边》、凡·高《吃土豆的人》、杜贾尔丹《瓦格纳评论》、拉福格《悲歌》、莫泊桑《漂亮朋友》、亨利·贝克《巴黎女人》、史蒂文森《杰基尔医生和海德先生的怪案》面世。

1886 年： 图卢兹-劳特累克在图尔拉克街拐角，考兰库尔街 27 号开办了一个画室，并在阿里斯蒂德·布鲁昂创建的芦笛歌舞厅（位于黑猫咖啡馆的旧址，络石夏尔大道 34 号）举办展览。蒙提切利、李斯特逝世。巴托尔迪《自由照耀世界》、罗丹《吻》、卡耶博特《雪中巴黎》、修拉《大碗岛的星期天》、埃里克·萨蒂《尖形穹顶》、莫里亚斯《象征主义宣言》、左拉《杰作》、莱昂·布洛伊《绝望者》、维利耶·德·利尔-阿达姆《未来的时代》、佩拉丹《拉丁的衰败》面世。

1887 年： 纳比派成立；安托万建立自由剧场。雷诺阿《大浴女》、凡·高《唐吉的画像》、德彪西《春天》、威尔第《奥赛罗》、萨蒂《萨拉班德斯》、拉福格《传奇的道德》、卡恩《游牧宫殿》、左拉《土地》、费内翁《新印象派》面世。

1888 年： 图卢兹-劳特累克参加布鲁塞尔的"20 人小组"画展。拉比什逝世。德塔耶《梦》、修拉《阅兵》、高更《布道后的景象》、塞吕西耶《爱之林》、凡·高《向日葵》、恩索尔《基督进入布鲁塞尔》、萨蒂《裸体舞曲》、拉罗《伊斯城之王》、德彪西《被遗忘的阿里埃特人》、理查德·施特劳斯《唐璜》、苏利·普鲁东《幸福》、都德《不朽》、魏尔伦《爱》、莫泊桑《于松太太的贞洁少男》、阿尔弗雷德·雅里《愚比王》、斯特林堡《朱莉小姐》面世。

1889 年： 克里希大道的红磨坊盛大开幕。老板约瑟夫·奥尔勒在入口处展出图卢兹-劳特累克的作品《费尔南多马戏团》及《红磨坊的舞会》。图卢兹-劳特累克经常在森林老爹的花园创作。他先后在沃尔尼马戏团（直到 1892 年）和"独立画展"（直到 1897 年）展出作品。这一时期图卢兹-劳特累克积极活跃于蒙马特世界，并以此作为主要题材。儒勒·杜佩、巴贝尔·多尔维利、维利耶·德·利尔-阿达姆逝世。埃菲尔设计艾菲尔铁塔，高迪设计巴塞罗那的桂尔宫殿，《白色评论》发刊，普瓦维·德·沙瓦讷装修索邦大学。高更《黄色基督》、凡·高《星空》、魏尔伦《平行》、布尔热《弟子》、舒雷《大人物》、克劳德尔《金色头颅》、梅特林克《温室》、伯格森《论意识的即时性》面世。

1890 年： 俾斯麦被解职；第一辆汽车发明；阿德发明首架飞机；凡·高、塞萨尔·弗朗克逝世。莫奈开始创作"干草垛"系列，塞尚《玩牌者》、雷东《闭合的双眼》、修拉《夏育舞》、柴可夫斯基《黑桃皇后》、肖松《交响曲》、亨利·德·雷涅尔《古代浪漫的诗歌》、左拉《人面兽心》、阿纳托尔·法朗士《泰国》、莫里斯·丹尼斯《新传统主义的定义》面世。

1891 年： 图卢兹-劳特累克与友人布尔热医生同住在枫丹街 21 号的公寓；图卢兹-劳特累克根据儒勒·切雷的海报，为红磨坊创作了一幅海报。西伯利亚大铁路开工；琼坎、梅索尼埃、修拉、雷奥·德利伯、梅尔维尔、兰波逝世。高更《毛利之屋》、卡列尔《魏尔伦》、修拉《马戏团》、巴雷斯《贝丽妮斯花园》、于斯曼《那边》、克劳德尔《城市》、奥利耶《绘画中的象征主义》、罗登巴克《沉默的统治》面世。

1892 年： 图卢兹-劳特累克参加布鲁塞尔的"20 人小组"画展，以及于巴黎布特维尔画廊举办的印象派和象征主义画家展览。法国发生巴拿马丑闻。拉罗逝世。佩拉丹创办"玫瑰与十字架"画展；分离派在慕尼黑成立。莫里斯·丹尼斯《兰森夫人》、博纳尔《室内》、西斯莱《鲁应河畔》、马斯奈《威尔特》、圣波尔·鲁《仪式祭坛》、克劳德尔《紫衣少女》、罗登巴克《死亡之城布尔日》、梅特林克《佩利亚斯和梅丽桑德》、尼采《查拉图斯特拉如是说》面世。

1893 年： 图卢兹-劳特累克开始迷恋酒精。他的朋友莫里斯·琼安接替提奥成为布索特-法拉东艺术画廊的馆长，借此机会，图卢兹-劳特累克得以在画廊展出 30 幅油画和一些石版画。图

劳特累克的故事

卢兹-劳特累克参加法国画家与雕刻师展览。图卢兹-劳特累克开始频繁光临剧院（法兰西喜剧院、安托万的自由剧场、卢涅·波耶的名家剧院、复兴剧院等），并为演出制作海报（主要是与卢涅·波耶合作，此外，卢涅·波耶的合作者大多是纳比派成员，如博纳尔、维亚尔、莫里斯·丹尼斯、易卜生）。他流连于风月场所（当波娃兹街、朱贝儿街等），他在此间创作了大量作品。古诺、柴可夫斯基、莫泊桑、丹纳逝世。莫里索《执扇少女》、苏珊娜·瓦拉东《埃里克·萨蒂肖像》、蒙克《呐喊》、佛瑞《美好的歌曲》、威尔第《法尔斯塔夫》、德沃夏克《新世界交响曲》、何塞·马利亚·德·埃雷迪亚《战利品》、阿尔贝·萨曼《在公主花园里》、莫里斯·德·盖伦《雪花》、阿纳托尔·法朗士《鹅掌女王烤肉店》面世。

1894 年： 图卢兹-劳特累克游览布鲁塞尔、荷兰和伦敦（他在这里遇到奥斯卡·王尔德和惠斯勒）等地；参加布鲁塞尔的自由美术协会和巴黎的杜兰德-卢埃尔画展；发表了为伊维特·吉贝尔创作的系列版画。卡耶博特收藏品捐出；德雷福斯事件发生；卡耶博特、夏布里埃、勒克、勒贡特·德·李勒、史蒂文森逝世。皮维·德·夏凡纳为巴黎城酒店创作装饰画；杜安尼尔·卢梭《战争》、莫奈"鲁昂大教堂"系列；马斯奈《泰国》、德彪西《牧神的午后前奏曲》、皮埃尔·路易《碧丽蒂斯之歌》、巴雷斯《血，肉体快感与死亡》、儒勒·列那尔《胡萝卜须》、克劳德尔《交换》、阿纳托尔·法朗士《红百合》、吉卜林《丛林之书》、奥斯卡·王尔德《莎乐美》面世。

1895 年： 图卢兹-劳特累克再度出行，游览布鲁塞尔、伦敦、里斯本、马德里等地）；参加"新美学沙龙""百大沙龙"画展和巴黎的"石版画百年纪念展"；开始与特迪·纳坦逊、菲利克斯·瓦洛东、埃杜瓦尔·维亚尔合作。卢米埃兄弟发明电影；莫里索、什纳瓦、小仲马、拉维耶逝世。奥尔塔《人民之家（布鲁塞尔）》、罗丹《加莱义民》、拉威尔《拉哈瓦那》、保罗·瓦莱里《达·芬奇方法引论》、维尔哈伦《触手般扩展的城市》、弗洛伊德《癔症研究》面世。

年表

1896 年： 图卢兹-劳特累克在曼兹·琼安家举办画展，并在"百大沙龙"中展出了"她们"系列版画；前往布鲁塞尔、伦敦、布尔戈斯、托莱多和马德里；参加在伦敦皇家水族馆和自由美学博物馆的展览；开始涉足戏剧题材。马可尼发明无线电报；布鲁克纳、魏尔伦、埃德蒙·德·龚古尔逝世。莱维·杜默《莎乐美》、维亚尔《瓦奎医生的装饰》、皮埃尔·路易《阿芙罗狄蒂》、马赛尔·普鲁斯特《欢乐与时日》、儒勒·列那尔《自然纪事》、瓦莱里《与泰斯特先生共度夜晚》、阿尔弗雷德·雅里《愚比王》、伯格森《物质与记忆》、亨利·詹姆斯《地毯上的人物》、安东·契诃夫《海鸥》面世。

1897 年： 图卢兹-劳特累克搬到皮加勒广场附近的弗罗乔特大道15号；前往布鲁塞尔、伦敦；参加"百大沙龙"画展和"自由美学"画展。维多利亚女王60岁纪念日；勃拉姆斯、都德逝世。维也纳的分离派形成。罗丹《维克多·雨果》、高更《我们从哪里来？》、卢梭《沉睡的波希米亚女郎》、瓦罗登《起源》、波尔迪尼《罗伯特·德·孟德斯鸠肖像》、杜卡《魔法师的弟子》、理查德·施特劳斯《堂吉诃德》、马拉美《骰子一掷，永远取消不了偶然》、弗朗西斯·雅姆《诗人的诞生》、维埃莱-格里芬《生命的亮光》、保罗·弗尔《法国民谣》、纪德《人间食粮》、埃德蒙·罗斯丹《西哈诺·德·贝热拉克》、契诃夫《瓦尼亚叔叔》面世。

1898 年： 图卢兹-劳特累克分别在弗罗乔特大道的画室及伦敦的古皮尔画廊（共78幅画作）举办个展。夏尔·加尼叶、布丹、伯恩-琼斯、古斯塔夫·莫罗、皮维·德·夏凡纳、费里西安·罗普斯、马拉美和罗登巴克逝世。罗丹《巴尔扎克》、马约尔《海浪》、库普卡《莲花之魂》、佛瑞《佩莱亚斯和梅里桑德》、萨曼《花瓶侧面》、于斯曼《大教堂》、王尔德《瑞丁监狱之歌》面世。

1899 年： 图卢兹-劳特累克震颤性谵妄发作，后在弗利·圣詹姆斯疗养院进行排毒治疗。该疗养院坐落在布瓦涅森林

劳特累克的故事

附近的布瓦讷附近的一个旧宅邸中，内有一座英式花园和一些前朝的遗址。西斯莱、塞冈蒂尼、厄内斯特·肖松、小约翰·施特劳斯和亨利·贝克逝世。高更《红花的乳房》、瓦洛东《埃特勒塔浴场》、德彪西《夜曲》、博伊列芙《克洛克小姐》、雅里《绝对的爱情》、西涅克《从德拉克洛瓦到新印象派》面世。

1900 年： 图卢兹-劳特累克参与世界博览会海报环节的评委团工作；重新在个人画室展出作品；游历波尔多，并在蒂若门街道租下一间画室。列维坦、尼采、拉斯金、王尔德逝世。德格兰《大皇宫》、吉罗《小皇宫》、拉鲁《奥赛火车站》、吉玛《巴黎地铁入口》、布尔黛尔《贝多芬》、慕夏《珠宝商富凯的商店立面》、博纳尔《资产阶级的下午》、蒙克《海滩上的舞蹈》、古斯塔夫·夏庞蒂埃《路易丝》、普契尼《托斯卡》、露台《罗得的小女人》、米尔博《女仆的日记》、雅里《被禁锢的愚比王》、斯特林堡《死亡之舞》面世。

1901 年： 图卢兹-劳特累克返回巴黎，身体状况进一步恶化；后前往图萨的阿尔卡雄盆地静养，时常划船、游泳（这是他唯二擅长的运动）。再次病倒后，图卢兹-劳特累克回到母亲名下的马尔罗梅城堡，在父母身边去世。勃克林、威尔第逝世。克里姆特《朱迪思》、拉威尔《水之嬉戏》、莫里亚斯《诗章》、安娜·德·诺阿耶《无数的心》、查尔斯·莫拉斯《安蒂内亚》、托马斯·曼《布顿布鲁克》、契诃夫《三姐妹》、梅特林克《蜜蜂的生活》、罗曼·罗兰《丹顿》面世。

图卢兹-劳特累克生活过的地方

Les lieux de Toulouse-Lautrec

博斯克酒店：阿尔比，图卢兹-劳特累克街道 14 号

博斯克酒店是当年博斯克伯爵"在城里"的酒店，17 世纪曾是一所由耶稣会士开办的学校。19 世纪，博斯克家族的两位年轻女士曾在此居住，其中一位与图卢兹-劳特累克伯爵结婚，另一位则嫁给塞莱兰的塔皮耶伯爵。后来两名女士的孩子（即表兄妹）结为夫妻，他们就是画家亨利·德·图卢兹-劳特累克的父母。1864 年 11 月 24 日，画家图卢兹-劳特累克出生。他的童年大部分时光都是在女性（其中包括他的祖母）温柔细心的陪伴下度过的。后来，图卢兹-劳特累克曾短暂地回到这里。如今，博斯克酒店向公众开放，其中包括画家母亲阿黛尔的闺房，"阿黛尔是画家深爱的母亲。这里很可能就是画家的出生地，至少他生下后的前几周都是在这个摇篮中度过的"。我们可以看到图卢兹-劳特累克家人珍藏的一些作品，包括他早年创作的水彩画、速写、习作等。

博斯克城堡：诺塞尔，康雅克

博斯克城堡由博斯克的贝朗吉尔于 1180 年左右建造（带有一个方形主塔、围墙和护城河），后曾经历大规模的改造，包括 18 世纪对主塔和防御装置的拆除。这座城堡自落地以来一直由同一家族保有。图卢兹-劳特累克在这座城堡中度过了自己的童年时代，长大后也经常回来短住。如今，博斯克城堡向公众开放，其中有一间屋子被改造成了一座简单的博物馆，专门收藏图卢兹-劳特累克的画作及其他文件，甚至还有他小时候用的马鞭和学步车。此外，博物馆中还藏有一些旧照片，供后人追溯图卢兹-劳特累克早年和成长的故事。值得一看的还有"身高墙"，家人沿袭传统，在墙上记录幼年图卢兹-劳特累克的身高变化。图卢兹-劳特累克的身高长到 1.53 米就不再长了。这里还陈列着图卢兹-劳特累克"马戏团"系列的 24 幅版画，仿佛是在呼应他生命因为残疾而蒙上的阴翳。

劳特累克的故事

马尔罗梅城堡：吉伦特省，圣昂德雷迪布瓦

该处房产系图卢兹-劳特累克家族于 1883 年购买，成为家庭的聚集地。图卢兹-劳特累克在城堡中创作的一幅肖像很好地体现了这里静谧平和的气氛，这也是为什么图卢兹-劳特累克在感觉生命即将结束之际，自发地希望回到此间。1901 年 9 月 9 日凌晨两点，图卢兹-劳特累克在马尔罗梅城堡离世，后被埋葬在吉伦特省的韦尔代莱墓地。

巴黎及近郊

佩里酒店：热提洛城，建于 8 世纪

图卢兹-劳特累克一家于 1872 年搬到这里。他入读孔多塞中学八年级。1876 年，他在安提-路易东丹进行了他的第一次圣餐仪式。

普林斯托画室：圣奥诺雷街区 233 号，建于 8 世纪

在堆满杂物的画室中，在画家普林斯托已经习以为常的"最优雅的混乱中"，聋哑人普林斯托引领图卢兹-劳特累克迈出了画家生涯的第一步（1881 年）。普林斯托是世界知名的"马画家"，且是"公认最了解马的复杂解剖和构造"的人。图卢兹-劳特累克于 1881 年为他创作了一幅肖像，这是他早期的肖像之一。普林斯托也是佩里酒店的座上客。

考兰库尔街 27 号（现 21 号），建于 18 世纪

1886 年，图卢兹-劳特累克租下这里作为画室，在右侧三楼，"走五步就有一间壁炉间，在前厅的左边是一间画室，还有一间洗手间，租金是 1300 法郎"。这座大楼与图尔拉克街 5 号交汇，弗朗索瓦·戈兹便居住在此，意大利人画家赞多梅内吉后来也在此开办画室，除此之外还有苏珊娜·瓦拉东，后者曾与图卢兹-劳特累克有过一段恋爱关系，但在女方提出结婚之后恋情便宣告结束。

枫丹街 19 号 B 间，建于 9 世纪

1884 年图卢兹-劳特累克搬去朋友葛尔涅家同住，葛尔涅和他一样经常光顾柯罗蒙画室。他们的公寓位于左侧第三层，包括一间前厅、一间洗手间、一间客厅、一间餐厅、一间带壁炉的卧室、一间厕所和一间厨房。德加在后楼一层拥有一间画室（1879 年—1891 年），他同时也是右侧五楼的房客。

图卢兹-劳特累克生活过的地方

枫丹街 19 号，建于 9 世纪

图卢兹–劳特累克于 1887 年与朋友布尔热医生一起搬到这里同住（他在这里一直住到 1891 年）。

枫丹街 21 号，建于 9 世纪

1891 年，图卢兹–劳特累克与布尔热一起在枫丹街 21 号二楼租了一套公寓，租金为 1600 法郎。公寓包括一间前厅、一个走廊、一个洗手间、一间厨房、三间卧室（其中两间配有壁炉）、一间暗室、一间餐厅和一间客厅。1894 年布尔热结婚后，图卢兹–劳特累克便暂时搬到画室居住。

枫丹街 30 号，建于 9 世纪

1895 年—1898 年，图卢兹–劳特累克在左侧的夹层楼租了一套公寓，包括一间门厅、一间厨房、一间盥洗室、一间餐厅、两个不带壁炉的房间、一间卧室和一间客厅。

弗罗乔特大道 5 号，建于 9 世纪

1897 年—1898 年，图卢兹–劳特累克租下了这里的一间公寓，位于一座带围栏的封闭式花园的尽头，在阁楼的二楼，包括一间平台、一间前厅、一间橱柜、一间厨房、走廊、一间浴室、一间带壁炉的卧室、一间卧室、一间客厅、一间饭厅。

弗罗乔特大道 15 号，建于 9 世纪

图卢兹–劳特累克在 1898 年租下了这里的一间画室，位于右边的夹层上面，内部带电梯，还有一间壁炉间。多比尼（1881 年—1884 年）和阿尔弗雷德·史蒂文斯（1883 年—1893 年）都曾在这里的同一地址开设画室。图卢兹–劳特累克还在这里租下一套公寓，其中包括夹道、前厅、餐厅、带壁炉的卧室、浴室、带壁炉的大卧室、壁炉室、带服务台的厨房，租金为 2000 法郎。

弗利·圣詹姆斯疗养院，位于 92 省的讷伊马德里大道 16 号，建于 18 世纪

图卢兹–劳特累克在弗利·圣詹姆斯疗养院静养了 11 周（1899 年 2 月—3 月）。他在这里完成了惊人的"马戏团"系列作品。18 世纪，新贵鲍德·德·沃代西尔建立了这座名为"弗利·圣

劳特累克的故事

詹姆斯"的建筑，这名新贵是圣吉姆的男爵。他意欲挑衅修建了巴格泰勒公园的阿尔托瓦公爵，便邀请同一位建筑师贝朗吉尔参与修建。建筑师围绕凉亭设计了一个英式花园，花园里点缀着溪流、桥梁、小岛、古董及中式的亭子。此外，花园中还有帕约和皮加勒的雕像，以及斥巨资从枫丹白露森林带来的岩石。这处房产后来由舒瓦瑟尔-普拉斯林公爵拥有，后者于1791年不幸去世。这里还是拿破仑的姐姐，埃丽莎和卡罗琳，以及兄弟卢西安的住所。后来，它被交到了阿布兰特斯公爵夫人的手中。这座公园逐渐被分割、出让，最后诞生了圣詹姆斯地区。"弗利·圣詹姆斯"落入兰巴勒公爵夫人名下，在布兰奇医生的推动下成了一间诊所，于1851年皮涅医生接手之后便开始接待病人。

柯罗蒙画室：克里希大道104号，建于18世纪

在博纳关闭画室之后，图卢兹-劳特累克于1882年进入柯罗蒙画室学习。

瓦尔文（塞纳-马恩省）的"拉戈兰吉特"

纳坦逊夫妇希望在德高望重的马拉美的住处附近寻找一间房子，带点乡间气息，用于举办《白色评论》（编辑部起初位于巴黎的殉道者街，后搬到了拉菲特街）的相关活动，于是他们租下了"拉戈兰吉特"。这间房子（存留至今）虽然简朴，但十分迷人。受邀而来的画家（如博纳尔、维亚尔）画下了聚会的场景和宾客。在来访的客人中，除了马拉美（人们常看见他在塞纳河上意气风发地开着自己小船），还有其他邻居、雷登一家、米尔博一家、布尔热一家及埃米尔（《诸神的黄昏》作者）。同在瓦尔文的马拉美家也吸引了众多宾客。马拉美的屋子透着一种精心设计过的朴实感，房间里有"一张桌子、一张四柱床，地上铺着一块波斯地毯，墙上挂着莫里索的油画，再加上窗外塞纳河的怡人景色，这一切都令马拉美留恋，于是他越来越少回到巴黎"。

约讷河畔维伦纽夫的"驿站"

随着访客的增多，"拉戈兰吉特"不堪重负，于是纳坦逊夫妇又在约讷河岸租下了"驿站"，这是"一座美丽、宽敞的房子，曾是一间邮局"。与《白色评论》合作过的画家及作家都曾到访此地，享受田园之乐，骑着自行车郊游，围着钢琴聚会……渐渐地，这些访客之间建立起了亲密无间的情谊。他们用相机拍下了聚会的场景，"在一张照片中，米西亚站在房门口，图卢兹-劳特累克和库鲁斯坐在她旁边，塔德倚在窗边。还有一些照片拍下了他们打球、躺在草地上或坐在花园的家具上的场景。这些家具是图卢兹-劳特累克在阿尔比亲自制作的。所有人都沐浴在优雅、放松、和平的氛围之中。"在众多照片中，最令人动容的是他们从朋友马拉美的葬礼返回后拍摄的：米西亚、艾达和雷诺阿坐在花园的长凳上，身边是米西亚的弟弟西帕、塔德，前面站着一副自行车运动员打扮的博纳尔。

图卢兹-劳特累克生活过的地方

画廊

《白色评论》，拉菲特街 1 号，建于 9 世纪

特迪·纳坦逊曾在殉道者街上的公寓里（安德烈·纪德在回忆录中将这里称为聚会的圣地）举办过一次纳比派展览，这在一定程度上也是纳比派画家与《白色评论》密切合作的开始。1894 年，《白色评论》编辑部搬到了拉菲特街，并发行了第一期。这里曾举行上一届印象派展览，新建的宽敞办公楼林立，十分适合开展多姿多彩的活动。后来，特迪·纳坦逊又创建了一家出版社，出版了超过 40 种刊物。

杜兰德–卢埃尔画廊，拉菲特街 16 号，建于 9 世纪

保罗·杜兰德–卢埃尔，将一生珍藏尽数捐给了这座以他命名的画廊。该画廊由杜兰德–卢埃尔的父亲创办，除了举办画展，也曾销售艺术用品。画廊创办于圣雅克街 174 号，后先后搬至小香榭大道 83 号及和平大街 1 号。画廊不仅展出德拉克洛瓦、迪亚兹、杜米埃、多比尼、柯罗等人的作品，也曾展出学院派画家博纳、布格罗、卡巴内尔等人的作品。父亲离世后，杜兰德–卢埃尔全权接管了画廊，他与布拉姆合作，并购买了库尔贝、西奥多·卢梭、柯罗和米勒的作品。画廊后被迁至佩莱捷街 11 号及拉菲特街 16 号。1870 年，杜兰德–卢埃尔移居伦敦，并在多比尼的引荐下结识了印象派画家莫奈和毕沙罗。杜兰德–卢埃尔十分欣赏印象派的风格，并先后于组织了第二届（1876 年）和第七届（1882 年）印象派画展。在经历了 19 世纪 80 年代的艰难时期后，他又跑到美国寻发展。杜兰德–卢埃尔曾展出高更、雷东和博纳尔（1896 年），并于在 1902 年举办了图卢兹–劳特累克的生前作品展。

安伯瓦斯·佛拉画廊，拉菲特街 41 号，建于 9 世纪

佛拉来自留尼汪岛，不拘小节，据说"他曾在店里一边打盹一边卖出了一幅塞尚的画"。起初，佛拉在阿派宁街上开了一间小店，收藏了德加、弗朗、居伊、威莱特、史坦林等人的作品。之后，他搬到了拉菲特街，并在开幕式上举办了一场马奈的作品展。此外，他一直十分关注塞尚的作品，可以说其他人有多忽略塞尚，他就有多关注塞尚。1895 年，佛拉将画廊搬到了更靠近林荫大道的拉菲特街 6 号，并在自家的酒窖中举办著名的"晚宴"，此活动对 20 世纪的新生作家、画家及出版项目起到了重要的推动作用。

布索特–法拉东艺术画廊，蒙马特街 19 号

埃蒂安·布索特既是画家热罗姆的妹夫，又是商人古皮尔的女婿，他继承了古皮尔画廊，并与法拉东进行联合。该画廊的总部在歌剧广场 2 号，还有一个专门用于出版的分部位于夏普塔勒的 9 号街。在蒙马特街 19 号展出的都是最"现代"的画家，如巴比松派、杜米埃、柯罗。画

廊的管理者是提奥。1884 年，提奥在画廊接待了印象派画家。在提奥的推介之下，画廊展出了高更、贝尔纳、基约曼、拉斐尔、图卢兹-劳特累克等众多艺术家的作品。在提奥之后，画廊由图卢兹-劳特累克儿时的好友莫里斯·琼安接管，他于 1893 年为图卢兹-劳特累克举办了一次展览。1897 年，琼安离职，并与曼兹一起开办了自己的画廊。曼兹是画廊的版画工作室的负责人，也与德加私交甚密。琼安后来与图卢兹-劳特累克的母亲合力，在阿尔比建立了图卢兹-劳特累克博物馆。

唐吉老爹画具店：克劳泽街 14 号和 9 号，建于 9 世纪

唐吉并不是传统的商人。他是一名艺术爱好者，允许画家用画作抵换管装颜料（这在当时还是新品）。正因如此，唐吉藏品颇丰，成了数一数二的艺术品藏家。唐吉会在自己的画具店中展出这些画作，因此画具店成了绘画爱好者的必去之处。塞尚和凡·高是画廊强力推荐的画家，但他们的画卖得不好。唐吉和凡·高交情深厚，后者曾为他画像。艺术家们很喜欢在画具店的后厅聚会，修拉、安奎丁、维亚尔、塞律西埃、图卢兹-劳特累克、莫里斯·丹尼斯都是这里的常客。

娱乐场所

盖布瓦咖啡馆：克里希大道 9 号，建于 17 世纪

盖布瓦咖啡馆起初位于马奈街区的巴蒂尼奥勒区大街道 11 号，后搬到如今为人所熟知的克里希大道 9 号。盖布瓦咖啡馆是印象派主力军的聚集地。每周五晚上，马奈都会邀请朋友及其崇拜者来此聚会，交流经验。印象派群体的凝聚力就这样与日俱增。1870 年—1871 年，盖布瓦咖啡馆短暂停业。1874 年第一届印象派画展举办后，盖布瓦咖啡馆逐渐被新雅典咖啡馆取代。

新雅典咖啡馆：皮加勒广场 9 号，建于 9 世纪

新雅典咖啡馆是居住在附近的画家（如迪亚兹、多比尼、杜米埃、史蒂文森）最喜欢去的聚会场所。随着德加（住在拉瓦尔街，现在的维克多·马瑟街）及雷诺阿（住在圣乔治街）的强力推介，印象派画家们逐渐从盖布瓦咖啡馆转战新雅典咖啡馆。在这里，人们可以看到马奈、德加、雷诺阿、毕沙罗、方丹-拉图尔、哥纽特、吉拉尔、杜朗蒂等人的身影，还有令人眼前一亮的维克多琳娜·莫朗，莫朗是马奈的作品《歌剧》的模特。当时的风云人物、版画家德斯布廷也常会造访此地。此外，新雅典咖啡馆还出现在了众多名作中，如德加的《苦艾酒》。有了上述佳话，新生代艺术家也很乐意成为这家咖啡馆的座上客，如新印象派成员（修拉、西涅克）、图卢兹-劳特累克及其好友（孔德尔、杜贾尔丁、安奎丁、德托马斯）。后来，英国作家乔治·莫罗根据新雅典咖啡馆里的夜生活写了若干耐人寻味的回忆录。

图卢兹-劳特累克生活过的地方

死老鼠咖啡馆：皮加勒广场 7 号，建于 9 世纪

据说，这家咖啡馆的名字来源于有人在咖啡馆的啤酒桶里找到了一只死老鼠。记者、政客、艺术家、作家及一些轶事记录者都喜欢在这里聚会。甘比大、儒勒·瓦莱斯、马奈、库尔贝、图卢兹-劳特累克等人也是这里的常客。

颓废酒吧：枫丹街 16 号 B 座，建于 9 世纪

在这里可以遇到因图卢兹-劳特累克所设计的海报而一炮而红的梅·贝尔福。在这里驻场的脱衣舞娘玛格丽特·莫雷诺（来自布朗萨克）后来成为颓废派文学大师马塞尔·施瓦布的妻子。和科莱特、波莱尔一样，莫雷诺处于文艺和放纵的边缘；她拥有复杂丰富的人格，后来被誉为"预言家"，无人不知。

日本沙发咖啡馆：殉道者街 75 号，建于 18 世纪

正如其名所示，这间咖啡馆是一家日式的时髦高级场所。龚古尔兄弟很爱到这家咖啡馆来消遣。这里聚集了知识界和艺术界的放浪形骸的艺术家（包括弗朗、维莱特、史坦林等）。伊薇特是这家咖啡馆的招牌女歌手。

"希嘉乐"咖啡馆：络石夏尔街道 120 号，建于 18 世纪

这家咖啡馆是曾经的"黑球"，外号为"美腿"的舞女在这里表演旧式卡德利尔舞蹈。在 1887 年，经过一番大动工，一家新的咖啡馆开张了，取名为"希嘉乐"咖啡馆。1892 年，咖啡馆又进行新修缮，画家维莱特参与了对天花板的装饰。

伊甸歌厅：塞巴斯托波尔大道

1889 年，伊薇特曾在伊甸歌厅登台演出，她表演时的身影被图卢兹-劳特累克留在了他的经典海报中，流传至今。

埃尔兰多歌舞厅：斯特拉斯堡大道 4 号，建于 1 世纪

埃尔兰多歌舞厅是 1858 年前后最豪华、最非同寻常的演出场所。"大厅里的立面、装饰着雕刻画的柱子、雕像和水池，无不体现着歌舞厅内部的奢华。在底楼，我们看到一个间宽敞的咖啡室和好几间布置精美的台球室。环形的表演厅内有双排包厢，两旁是由拱廊隔开的立柱，拱廊上悬挂着天然气吊灯，这里的金饰和大理石令观众叹为观止。天花板上挂着一个动态时钟，上面的时间由寓言来表示，底面是一片梦幻般的天空。宏伟的楼梯通向大厅，大厅内部还装饰有喷泉和浮雕，在从天花板射下的光芒中熠熠生辉。"被朋友科莱特称为"浪荡女"的风云人

劳特累克的故事

物波莱尔在此驻场表演，"她边唱边跳，从一只脚换到另一只脚，像在白色盘上烤着的火鸡"。埃尔兰多歌舞厅的表演者还有歌手德拉内姆，他也在日本沙发咖啡馆演出。

斯卡拉歌舞厅：斯特拉斯堡大街 13 号，建于 10 世纪

1895 年，斯卡拉歌舞厅上演了具有划时代意义的节目——《性终结的巴黎》。在斯卡拉歌舞厅，人们可以欣赏到"最美貌的女性集结在一起，她们有的穿衣服，有的不穿衣服"。

黑猫咖啡馆：络石夏尔大道 84 号（也是后来芦笛歌舞厅的地址）及拉瓦尔街（维克多·马瑟街）12 号，建于 9 世纪

黑猫咖啡馆的客人都来自上流社会。图卢兹-劳特累克、纳坦逊夫妇、博纳尔、维亚尔及贝尔纳也都是咖啡馆的常客。咖啡厅的服务员身着罗马教皇卫队的制服，室内装饰带有路易十三时期的风格，看上去富丽堂皇。人们在这里吟诵诗歌，进行魔术表演。

芦笛歌舞厅：络石夏尔大道 84 号，建于 18 世纪

芦笛歌舞厅建在黑猫咖啡馆的旧址上。天花板上挂着一把路易十三时期的椅子，它曾是黑猫咖啡馆的镇店之宝，是被罗道夫·沙利斯遗落在这里的。"墙上密密麻麻地张贴着各种素描、油画、小装饰品。开场时间是晚上十点。"莫里斯·唐纳（黑猫咖啡馆的常客和记录者）在谈到芦笛歌舞厅时说："传闻很快流传开，艺术家、证券交易所、普通大众都知道有这样一个歌舞厅，表演时粗鲁地对待顾客，可以说口不择言。客人们闻讯而来。人们盛装打扮，前来观看阿里斯蒂德·布鲁昂的歌舞演出——他们之前就听说他是个不同寻常的角色。每天晚上，观众都可以看到他像一头笼中的老虎一样，在他的歌舞厅里走来走去。"

疯狂的牧羊女酒吧：里奇街 32 号，建于 9 世纪

马奈曾经画下了这个酒吧以及在一群半裸的女孩当中恣意放纵的资产阶级客人。洛伊·富勒在此驻场表演，她身披纱幔，奋力舞蹈，在脚灯的光线下宛如漩涡。

爱尔兰咖啡馆：皇家街 23 号，建于 8 世纪

许多赛马界和博彩业的人士都会在此聚会。这里属于自视甚高的嗜酒者。咖啡馆中弥漫着舒适的气息，一群饱受失眠之苦的作家在烈酒的作用下渐渐进入梦乡，其中就有保罗-让·图勒。

图卢兹-劳特累克生活过的地方

韦伯酒吧：皇家街 25 号，建于 8 世纪

韦伯酒吧是一家豪华的酒吧。惬意的氛围，铺着地毯，酒吧的黄铜和桃花心木发着光。许多知识分子都会在此会面，如马塞尔·普鲁斯特、雷昂·戴德、查尔斯·莫拉斯，以及一位富有传奇色彩的流亡者——奥斯卡·王尔德。

巴黎花园：香榭丽舍大街，建于 8 世纪

巴黎花园建在喧闹区，有着丰富多彩的演出，还有歌女驻场表演。梅·贝尔福及简·艾薇儿吸引了不少观众前来。

红磨坊：克里希大道 90 号，建于 18 世纪

红磨坊是法国康康舞的诞生地。红磨坊汇集了形形色色的人物，普通大众和酒后兴致高昂的资产阶级毫不违和地汇聚一堂。1889 年，红磨坊开张，很快便成了所有夜生活爱好者寻欢作乐的圣地和聚会点。拉·古留、无骨瓦伦丁、奶酪妞和格里耶·艾古都曾在此表演欢乐的法兰多拉舞，所有观众都乐于参与其中。伊薇特·吉尔伯特和简·艾薇儿在这里打响了名声。

蒙马特天堂：络石夏尔街 80 号，建于 18 世纪

蒙马特天堂建于 1860 年的一家小酒馆，人们可以在这里欣赏到绒球蔷薇、卡拉宾娜等舞女的表演。有时，拉·古留、格里耶·艾古和无骨瓦伦丁也会在这里演出。当时的"蒙马特天堂"有一个花园，"四周有许多通向光溜溜的树林的小径。此外，客人还可以尽兴地玩木马、荡秋千、射鸽子，和打台球。"1879 年，这里举办了左拉的《小酒店》第一百场演出的庆祝仪式，庆典规定到场的男士必须穿伐木工人的衣服，女士则必须穿熨洗工人的衣服。当时，整个圣日耳曼街区的居民蜂拥而至。1894 年，"蒙马特天堂"被改造成了另一个娱乐场所"特里阿农"，后又变成了歌舞厅、剧院和音乐厅。蒙马特天堂的外墙是一面极具现代主义风格饰面。

名家剧院：克里希大道 55 号，建于 9 世纪

卢涅·波耶在纳比派好友（包括丹尼斯、博纳尔、维亚尔）及卡米尔·莫克莱尔和保罗·福尔等作家的鼓舞之下，创建了名家剧院，不过这家剧院并没有固定的地址。波耶曾在布兰奇街 15 号的巴黎现代剧院的大厅里举办了几场表演。这里曾是一个滑冰场，建在黎塞留公爵的旧址上。路易十五本人曾在庞巴杜的陪同下到此微服私访。波耶先是于 1894 年在巴黎现代剧院里上演了易卜生的《大建筑师》及斯特林堡的《父亲》；后又于 1896 年上演了阿尔弗雷德·雅里的《愚比王》，引发了公众的热议。最后，卢涅·波耶将剧院搬到了蒙蒂耶市的一座大厅里，该大厅在 18 世纪附属于格兰蒙特酒店，其前身是一家关系颇为复杂的剧院，当时的招牌明星是歌剧演员库佩小姐，她的公开情人中有不少是大革命的风云人物（包括吉伦丹·维尔尼奥和丰腓德）。

大使剧院（现为卡尔丹中心）：香榭丽舍大街，建于 8 世纪

大使剧院始建于 1830 年，前身是一家木质装潢的咖啡馆，1848 年为适应香榭丽舍大街的总体设计风格由希托夫进行改造。这里是伊薇特的成名地，也是特蕾莎出演《大胡子的女人》一炮而红的地方。由于大使剧院地处尊贵之地，资产阶级很乐于光顾这里。

费尔南多马戏团，络石夏尔街 63 号，建于 9 世纪

图卢兹-劳特累克是年少时在普林斯托的带领之下知道费尔南多马戏团的。它起初是一个巡游马戏团，于 1873 年定址在殉道者街上。当时的马戏团基地还只是由木头和帆布搭建的一个不固定的建筑物。技术娴熟的骑手费尔南·比尔在这里进行杂技表演，他取艺名为"费尔南多"。马戏团里有一个名叫梅德拉诺的小丑演员，他后来用自己的名字成立了一个"定点"马戏团。包括德加在内的许多艺术家都经常光顾费尔南多马戏团，德加还以此为灵感绘制了名作《费尔南多马戏团的拉拉小姐》。1899 年，图卢兹-劳特累克也以费尔南多马戏团为灵感创作了"马戏团"系列作品。

图卢兹-劳特累克生活过的地方

劳特累克的故事

图书在版编目（CIP）数据

劳特累克的故事/（法）让-雅克·莱维柯著；黄莉荞译. -- 上海：上海书画出版社，2021.3
（画说印象派）
ISBN 978-7-5479-2569-0

Ⅰ.①劳… Ⅱ.①让… ②黄… Ⅲ.①吐鲁斯-劳特累克（Toulouse-Lautrec, Henri de 1864-1901）—生平事迹 Ⅳ.① K835.655.72

中国版本图书馆 CIP 数据核字 (2021) 第 041881 号

Original Title: Henri de Toulouse-Lautrec
Author: Jean-Jacques Lévêque
Original Version © ACR Editions, Paris, 2003
Text translated into Simplified Chinese © Tree Culture Communication Co., Ltd., 2021
Exclusive distribution and sales rights in the PR of China only (no rights in Taiwan, Hong Kong and Macau)
No part of this publication many be reproduced, stored in a retrieval system or transmitted in any form or by any means without the prior permission of the publisher.
上海树实文化传播有限公司出品，图书版权归上海树实文化传播有限公司独家拥有，侵权必究。Email: capebook@capebook.cn

合同登记号：图字：09-2020-973

画说印象派
劳特累克的故事

著　　者	【法】让-雅克·莱维柯
译　　者	黄莉荞
策　　划	王　彬　黄坤峰
责任编辑	金国明
审　　读	雍　琦
技术编辑	包赛明
文字编辑	钱吉苓
装帧设计	树实文化
统　　筹	朱艳华
封面设计	半和创意　树实文化
出版发行	上海世纪出版集团 ❷ 上海书画出版社
地　　址	上海市延安西路593号　200050
网　　址	www.ewen.co www.shshuhua.com
E-mail	shcpph@163.com
印　　刷	上海中华商务联合印刷有限公司
经　　销	各地新华书店
开　　本	889×1194　1/24
印　　张	9.58
版　　次	2021年3月第1版　2021年3月第1次印刷
印　　数	0,001-4,000
书　　号	ISBN 978-7-5479-2569-0
定　　价	88.00元

若有印刷、装订质量问题，请与承印厂联系